MANUAL
DE DIREITO
PREVIDENCIÁRIO

CB056130

SÉRIE ESTUDOS JURÍDICOS: DIREITO EMPRESARIAL E ECONÔMICO

intersaberes

Erico Sanches Ferreira dos Santos

Rua Clara Vendramin, 58 . Mossunguê . CEP 81200-170 . Curitiba . PR . Brasil
Fone: (41) 2106-4170 . www.intersaberes.com.br . editora@intersaberes.com

Conselho editorial Dr. Ivo José Both (presidente), Dr. Alexandre Coutinho Pagliarini, Drª. Elena Godoy, Dr. Neri dos Santos, Dr. Ulf Gregor Baranow ▪ **Editora-chefe** Lindsay Azambuja ▪ **Gerente editorial** Ariadne Nunes Wenger ▪ **Assistente editorial** Daniela Viroli Pereira Pinto ▪ **Preparação de originais** Jassany Omura Gonçalves ▪ **Edição de texto** Gustavo Piratello de Castro, Tiago Krelling Marinaska ▪ **Capa** Luana Machado Amaro ▪ **Projeto gráfico** Mayra Yoshizawa ▪ **Diagramação** Iná Trigo ▪ **Designer responsável** Iná Trigo ▪ **Iconografia** Regina Claudia Cruz Prestes

1ª edição, 2021.

Foi feito o depósito legal.

Informamos que é de inteira responsabilidade do autor a emissão de conceitos.

Nenhuma parte desta publicação poderá ser reproduzida por qualquer meio ou forma sem a prévia autorização da Editora InterSaberes.

A violação dos direitos autorais é crime estabelecido na Lei n. 9.610/1998 e punido pelo art. 184 do Código Penal.

Dados Internacionais de Catalogação na Publicação (CIP)
(Câmara Brasileira do Livro, SP, Brasil)

Santos, Erico Sanches Ferreira dos
  Manual de direito previdenciário/Erico Sanches Ferreira dos Santos. Curitiba: InterSaberes, 2021. (Série Estudos Jurídicos: Direito Empresarial e Econômico)

  Bibliografia.
  ISBN 978-65-89818-58-8

  1. Direito previdenciário 2. Direito previdenciário – Brasil I. Título II. Série.

21-64454   CDU-34:364.3(81)

Índices para catálogo sistemático:
1. Brasil: Direito previdenciário   34:364.3(81)
Cibele Maria Dias – Bibliotecária – CRB-8/9427

Sumário

9 ▪ Apresentação

13 ▪ Introdução

Capítulo 1
17 ▪ **Introdução ao direito da seguridade social**
18 | Origem e evolução da seguridade social
22 | Origem e evolução da previdência social
25 | Origem e evolução da assistência social

Capítulo 2
27 ▪ **Conceitos básicos e princípios**
28 | Conceitos básicos
31 | Princípios constitucionais da seguridade social
44 | Outros princípios constitucionais aplicáveis

Capítulo 3
49 ▪ **A previdência social e a assistência social na Constituição Federal**
50 | Os regimes de previdência social
51 | Regime Geral de Previdência Social (RGPS)
65 | Regime Próprio de Previdência Social
70 | Previdência complementar

71 | Previdência dos parlamentares
72 | Sistema de proteção social dos militares
73 | A assistência social na Constituição Federal de 1988

Capítulo 4
77 ▪ Regras gerais e beneficiários do Regime Geral de Previdência Social (RGPS)
78 | Fontes do RGPS
79 | Estrutura do RGPS
80 | Princípios da previdência social
81 | Conceitos básicos
84 | Segurados do RGPS
110 | Inscrição e filiação
115 | Manutenção e perda da qualidade de segurado
121 | Dependentes
148 | Carência

Capítulo 5
153 ▪ Benefícios previdenciários por incapacidade e o Benefício de Prestação Continuada (BPC)
154 | Auxílio por incapacidade temporária
161 | Aposentadoria por incapacidade permanente
170 | Auxílio-acidente
175 | Benefício de Prestação Continuada (BPC)

Capítulo 6
185 ▪ Aposentadorias
187 | Aposentadoria programada
190 | Aposentadoria programada do professor
192 | Aposentadoria por idade rural
194 | Aposentadoria híbrida
195 | Aposentadoria especial
202 | Aposentadoria da pessoa com deficiência

Capítulo 7
205 ▪ Benefícios devidos aos dependentes e decorrentes de encargos familiares
206 | Pensão por morte
214 | Auxílio-reclusão
217 | Salário-maternidade
225 | Salário-família

Capítulo 8
229 ▪ Outros temas fundamentais em matéria previdenciária e assistencial
230 | Habilitação e reabilitação profissional
232 | Cálculo dos benefícios previdenciários
245 | Contagem recíproca
247 | Prescrição e decadência previdenciárias
252 | Comprovação do tempo de serviço/contribuição
256 | Comprovação da união estável e da dependência econômica

258 | Comprovação da atividade rural
260 | Responsável pelos recebimentos em caso de beneficiário incapaz
261 | Responsável pelos recebimentos de valores não recebidos em vida
261 | Descontos permitidos nos benefícios
262 | Ação regressiva previdenciária
263 | Financiamento da seguridade social

275 ▪ *Considerações finais*
279 ▪ *Lista de siglas*
281 ▪ *Referências*
295 ▪ *Sobre o autor*

Apresentação

Esta obra, destinada a todos aqueles que se interessam pela forma como o Estado promove a proteção social de seus cidadãos sob uma perspectiva jurídica, trata de uma disciplina que passou a constar do currículo de todas as faculdades de Direito do país. A obrigatoriedade de inclusão no currículo vem em boa hora. O direito previdenciário é uma das áreas de atuação que mais crescem no universo jurídico. E são vários os motivos para tanto.

Em primeiro lugar, o Brasil é o país que envelhece mais rapidamente em toda a história. Nos próximos 25 anos, o Brasil sairá de um patamar de aproximadamente 10% para mais de 20% de idosos na população total (IBGE, 2019). Esse aumento percentual, somado a uma longevidade cada vez maior, evidencia a necessidade de as pessoas buscarem uma assessoria jurídica no que diz respeito a seus direitos previdenciários.

A previdência social, assim como a assistência e a saúde, integra a seguridade social, a qual, por sua vez, ocupa papel central no cumprimento dos objetivos do Estado brasileiro insculpidos no art. 3º da Constituição Federal (Brasil, 1988), em especial a erradicação da pobreza e a construção de uma sociedade fraterna, justa e solidária.

Para compreender o direito previdenciário, é preciso ter calma. Não se trata de uma área mais difícil do que as áreas do direito tributário, penal, constitucional ou administrativo. Não. Entretanto, são muitos os conceitos próprios e as nuances que o singularizam. O direito previdenciário tem características próprias: é público e interdisciplinar, trata de direito fundamental e cuida de todo um histórico laboral.

Nesse sentido, temos o objetivo de apresentar a você, leitor, os conceitos fundamentais do direito previdenciário, com foco em seus princípios e no Regime Geral de Previdência Social (RGPS), o mais abrangente do nosso sistema, responsável pelo atendimento de mais de 85% da população brasileira.

O contato com os demais regimes de previdência será breve, mas as bases trazidas pelo RGPS podem ser aplicadas a todos eles, guardadas as devidas proporções e realizados os necessários ajustes.

Nossa ideia é transmitir, de forma objetiva e atualizada, de acordo com a Reforma da Previdência – Emenda Constitucional n. 103, de 12 de novembro de 2019 (Brasil, 2019b) – e o Decreto n. 10.410, de 30 de junho de 2020 (Brasil, 2020a), os principais institutos do direito previdenciário.

Começaremos com a origem e a evolução da seguridade social, no Capítulo I. Trata-se de um tema muito interessante e que vale a pena acompanhar, especialmente para compreender o papel fundamental desse sistema na ordem jurídica constitucional do Brasil.

A seguir, ainda no Capítulo I, passaremos a uma extensa análise constitucional acerca dos princípios relacionados à seguridade social, tanto aqueles expressos quanto outros largamente aplicáveis à matéria, a exemplo do princípio da isonomia.

Passada a fase principiológica, veremos, no Capítulo 2, a previdência social e a assistência social. Ainda que a Reforma da Previdência tenha tentado promover a absoluta desconstitucionalização das regras previdenciárias, fenômeno que examinaremos durante a obra, ainda há uma extensa previsão constitucional acerca da matéria previdenciária, de modo que se trata de ponto de partida obrigatório para nossos estudos.

Após conhecermos um pouco dos regimes previdenciários existentes, mergulharemos no RGPS, administrado pelo Instituto Nacional do Seguro Social (INSS), autarquia federal que administra mais de 34 milhões de benefícios concedidos, tratando-se do maior regime de previdência do país e um dos maiores do mundo.

Abordaremos seus conceitos fundamentais, como os beneficiários, a carência e a manutenção da qualidade de segurado, a filiação e a inscrição. Em seguida, discutiremos, especificamente, sobre os benefícios e suas respectivas regras de transição veiculadas pela Reforma da Previdência.

Na sequência, trataremos das regras de cálculos e de outras disposições importantes do RGPS. Por fim, apresentaremos uma visão sobre o custeio da previdência social, ponto negligenciado, mas de suma importância para o operador do direito.

Durante nosso estudo, traremos temas polêmicos, mas importantes, e decisões dos principais tribunais do país. Ao fim do livro, nossa expectativa é que você, leitor, tenha uma boa noção acerca do funcionamento do regime de previdência social brasileiro

Esperamos que você considere essa obra como um ponto de partida, um pontapé inicial para acessar uma área jurídica tão cativante e que tem uma repercussão social da mais alta importância, pois afeta justamente os cidadãos mais vulneráveis de nosso país.

Venha conosco debater esse assunto!

Introdução

Para justificar a existência desta obra, é necessário compreender a dimensão da previdência e da assistência social no Brasil, áreas pertencentes ao sistema de seguridade social, que se destaca como uma das maiores redes de proteção social do mundo. E desse substrato tem surgido uma judicialização massiva, mostrando-se necessário um profissional qualificado na área.

Consoante o Boletim Estatístico da Previdência Social – Beps (Brasil, 2019i), de novembro de 2019, publicação mensal da Secretaria Especial de Previdência e Trabalho do Ministério da Economia, o número mais atualizado de contribuintes para o Regime Geral de Previdência Social (RGPS) é de 51.138.581, sendo aproximadamente 39 milhões de empregados, 9,5 milhões de contribuintes individuais, 1,5 milhão de empregados domésticos e 1,2 milhão de segurados facultativos.

Em novembro de 2019, segundo o Beps, estavam em vigor o total de 35.602.331 benefícios, dos quais 30.830.055 eram benefícios previdenciários do RGPS e 4.754.262, benefícios assistenciais (Brasil, 2019i).

Em relação aos valores, o total pago pelo Instituto Nacional do Seguro Social (INSS), apenas em novembro de 2019, remonta a R$ 50.625.112.962,00, sendo R$ 4.737.686.486,00 destinados ao pagamento de benefícios assistenciais, e o restante, aos benefícios previdenciários (Brasil, 2019i).

No tocante ao número de benefício requeridos/concedidos em 2019, até o mês de novembro, no Brasil, foram efetuados 9.376.914 de pedidos de concessão de benefício. Destes, 4.824.063 foram concedidos e 3.830.141 foram indeferidos.

Em resumo, a previdência social no Brasil, hoje, atinge diretamente 35 milhões de beneficiários, gerando um pagamento mensal de 50 bilhões de reais, com cerca de 10 milhões de novos pedidos de benefícios por ano.

Se o papel da seguridade social no país é estratégico e sua dimensão, gigantesca, o cenário da judicialização desse direito social fundamental não é menos impressionante. Atualmente, 15% do valor do orçamento da previdência é destinado ao pagamento de benefícios concedidos judicialmente. Dos 35 milhões de benefícios concedidos, 3,8 milhões o foram por ordem judicial.

Conforme relatório *Justiça em números* 2019, do Conselho Nacional de Justiça (CNJ, 2019), três das cinco matérias com maior número de processos da Justiça Federal são de origem previdenciária, a saber: (1) auxílio-doença, (2) aposentadoria por invalidez e (3) aposentadoria por idade. O total de processos ajuizados nessas matérias se aproxima de 10 milhões. Com efeito, são 4.867.122 processos com pedido de auxílio-doença; 2.870.981 relativos a aposentadoria por invalidez; e 1.750.857 pedidos de concessão de aposentadoria por idade.

No âmbito dos tribunais regionais federais, os cinco maiores assuntos levados a discussão são de origem previdenciária. Além das três espécies de benefícios citados, somam-se os recursos relacionados a aposentadorias por tempo de contribuição e as revisões de benefícios.

Além disso, a última pesquisa realizada acerca dos cem maiores litigantes do país (CNJ, 2012) aponta o INSS como líder nacional, cujo montante de processos, comparados ao total dos litigantes, representa 22%, e impressionantes 43,12% do total de processos da Justiça Federal.

Nesse contexto, cada vez mais tem se mostrado necessário um conhecimento técnico especializado acerca da matéria previdenciária, tanto pela alta complexidade da legislação quanto pelas constantes mudanças jurisprudenciais. Não à toa, o direito previdenciário, a partir de 2019, passou a integrar o currículo obrigatório das faculdades de direito e será matéria obrigatória no exame da Ordem dos Advogados do Brasil (OAB).

O objetivo do presente trabalho é justamente o de auxiliar o leitor a acessar os principais elementos identificadores desse importante tema, de forma a facilitar o contato inicial e acelerar os processos de aprendizado e de assimilação de conhecimento.

O acesso inicial a essa base fundamental de conhecimento, da forma como a expusemos, proporcionará um entendimento daquilo que mais movimenta a análise dos institutos relacionados ao direito previdenciário.

A exposição está voltada a facilitar o aprendizado, com a apresentação de conceitos básicos e fundamentais, importantes para a compreensão dessa área tão apaixonante, mas ao mesmo tempo desafiadora, que é o direito previdenciário.

Capítulo 1

Introdução ao direito da seguridade social

Não podemos tratar da previdência social sem abordar a seguridade social, sistema que abrange a previdência e outras formas de proteção social. Neste capítulo, analisaremos a evolução histórica da seguridade social e a forma como ela se desenhou no Brasil até os dias atuais.

— 1.1 —
Origem e evolução da seguridade social

Iniciaremos nossa história pelo meio, na Segunda Guerra Mundial. Isso porque o que entendemos como *seguridade social* não se iniciou propriamente nesse período, longe disso. Contudo, as bases para o modelo que temos hoje no Brasil surgiram nessa época, como veremos a seguir.

Em meio à Segunda Guerra Mundial, no histórico discurso do Estado da União, em 6 de janeiro de 1941, Franklin Delano Roosevelt elencou aquelas que considerava as quatro liberdades essenciais para o ser humano (Sunstein, 2018):

1. Liberdade de opinião e de expressão, em qualquer lugar do mundo.
2. Liberdade religiosa, consistente no direito de venerar a Deus a sua maneira, em qualquer lugar do mundo.

3. Liberdade de viver sem miséria, o que, em termos práticos, implica acordos econômicos capazes de assegurar uma vida saudável e em paz para os habitantes de todas as nações, em qualquer lugar do mundo.
4. Liberdade de viver sem temor, o que implica uma redução em escala mundial do armamento, a tal ponto que nenhuma nação tenha condições de cometer um ato de agressão contra algum vizinho, em lugar algum do mundo.

Logo na sequência desse discurso, surgiu a *Carta do Atlântico*, de 14 de agosto de 1941, fruto da reunião entre Roosevelt e Winston Churchill, ocorrida entre 9 e 12 de agosto de 1941, na qual esses líderes buscaram estabelecer os princípios e as aspirações para os Aliados (Reino Unido, França, União Soviética e Estados Unidos) nos anos seguintes ao final da Segunda Guerra Mundial (Sunstein, 2018).

Esses momentos históricos definiram o destino do Ocidente a partir do fim da Segunda Guerra Mundial e influenciaram decisivamente a criação daquele que se tornou o modelo de seguridade social previsto na Constituição Federal de 1988 (Brasil, 1988).

Isso ocorreu porque, em 1942, a Inglaterra lançou seu plano de seguridade social, baseado no *The Beveridge Report* (Relatório Beveridge), influenciado pela Carta do Atlântico. O "sistema beveridgeano", a seu turno, serviu de inspiração para o sistema de seguridade social previsto no atual art. 194 da Constituição Federal.

O Relatório Beveridge, elaborado entre 1941 e 1942 e complementado em 1944, tinha por objetivo resgatar a Inglaterra e seu povo das mazelas decorrentes da Segunda Guerra Mundial. Cinco eram suas áreas de ataque, chamadas de *os gigantes*: (1) saúde, (2) previdência, (3) assistência, (4) educação e (5) emprego (Beveridge, 1942).

— 1.1.1 —
Do Relatório Beveridge à Constituição Federal de 1988

Entre o Relatório Beveridge, de 1942, e a Constituição Federal do Brasil, de 1988, os direitos sociais passaram por um intenso processo de positivação, isto é, a partir da Segunda Guerra Mundial, iniciou-se a construção do modelo de proteção dos direitos sociais hoje estabelecidos. Traçamos aqui a evolução desses estatutos relacionados ao direito à seguridade social.

Em primeiro lugar, cabe trazer à tona o art. 22 da Declaração Universal dos Direitos Humanos (DUDH), de 1948 (ONU, 1948):

> Toda a pessoa, como membro da sociedade, tem direito à segurança social; e pode legitimamente exigir a satisfação dos direitos econômicos, sociais e culturais indispensáveis, graças ao esforço nacional e à cooperação internacional, de harmonia com a organização e os recursos de cada país.

A mesma DUDH, no art. 25, prevê que todo homem tem direito a um padrão de vida capaz de assegurar a si e a sua família saúde e bem-estar, inclusive alimentação, vestuário, habitação, cuidados médicos e serviços sociais indispensáveis. Além disso, tem direito à segurança em caso de desemprego, doença, invalidez, viuvez, velhice ou outros casos de perda de meios de subsistência em circunstâncias fora de seu controle.

Da DUDH surgiram o Pacto Internacional de Direitos Civis e Políticos, de 1976, e o Pacto Internacional dos Direitos Econômicos Sociais e Culturais (Pidesc), de 1966. Esse documento reconhece o direito de toda pessoa à previdência social, inclusive ao seguro social, conforme o Decreto n. 592, de 6 de julho de 1992 (Brasil, 1992).

As constituições nacionais elaboradas após a Segunda Guerra Mundial, em sua maioria, passaram a prever direitos sociais e econômicos, muitas vezes com as mesmas palavras da DUDH. Assim são as Constituições da Finlândia, da Noruega, da Espanha, da Ucrânia, da Romênia, da Síria, da Bulgária, da Hungria, da Rússia, do Peru, do Brasil e de Portugal, entre outras. Outras nações, contudo, optaram por uma abordagem diferente, reconhecendo os direitos sociais e econômicos como metas, mas não como direitos exigíveis por lei. É o caso da Índia, da Irlanda, da Nigéria e da Papua Nova Guiné.

— 1. 2 —
Origem e evolução da previdência social

Ultrapassada a noção geral relacionada à seguridade social, adentraremos agora no particular universo da previdência social, suas origens e seu desenvolvimento no Brasil.

— 1.2.1 —
A previdência social no mundo

A previdência social teve sua origem com o chanceler alemão Otto Von Bismarck, que, em 1883, criou o seguro doença; depois, em 1884, o mesmo chanceler criou o seguro de acidente de trabalho, e, em 1889, o seguro por invalidez e velhice. Esses benefícios eram financiados por meio de contribuições dos empregados, dos empregadores e também do Estado.

Vale destacar que o sistema previdenciário idealizado por Bismarck estava voltado inicialmente a um certo grupo de operários, sem afastamento das prestações assistenciais já conferidas pelo Estado. O modelo criado pelo chanceler alemão espalhou-se pela Europa, ampliando o sistema de proteção social dos trabalhadores e tornando-se referência para outras nações.

Quando discutimos *seguridade social*, temos, então, dois grandes nomes: Bismarck e Beveridge. O primeiro foi responsável pela criação de um modelo de previdência social de caráter contributivo, e o segundo, pelo desenvolvimento de um sistema universalista de proteção social, custeado por meio de impostos, e não por contribuições específicas.

— 1.2.2 —
A previdência social no Brasil

No Brasil, a primeira lei de caráter previdenciário, nos moldes estabelecidos por Bismarck, surgiu em 1888, a Lei n. 3.397, de 24 de novembro de 1888 (Brasil, 1888), que previu a criação de uma Caixa de Socorros para os trabalhadores das estradas de ferro estatais. Na sequência, em 1889, foram criados seguros sociais obrigatórios para os empregados dos correios, das oficinas da Imprensa Régia e o montepio dos empregados do Ministério da Fazenda.

O Decreto n. 3.724, de 15 de janeiro de 1919 (Brasil, 1919) estabeleceu um sistema de proteção aos acidentes de trabalho. Na sequência, editou-se a famosa *Lei Eloy Chaves* – Decreto n. 4.682, de 24 de janeiro de 1923 (Brasil, 1923) –, considerada o marco legislativo inicial da previdência social no Brasil, muito embora não o seja.

A Lei Eloy Chaves criou um sistema de caixas de aposentadorias para ferroviários. A palavra *caixa* deve ser entendida aqui como "fundo" ou "reserva". É importante contextualizar a razão pela qual foram criadas as caixas dos ferroviários. Já havia previsão de aposentadoria e de pensões para funcionários públicos, mas, à época, o Brasil era um país absolutamente agrícola, que estava iniciando um processo de industrialização. Os ferroviários ocupavam função importantíssima nesse processo e, além disso, compunham uma classe unida e organizada.

O termo *aposentadoria* surgiu pela primeira vez na Constituição de 1891 (Brasil, 1891). A Constituição de 1934 (Brasil, 1934), por sua vez, passou a prever a tríplice fonte de custeio da previdência social, atribuindo a responsabilidade ao Poder Público, aos trabalhadores e às empresas. A Constituição de 1946 (Brasil, 1946) contemplou pela primeira vez no país a expressão *previdência social*, tratando de sua cobertura no art. 157.

A Constituição de 1967 (Brasil, 1967) previu a criação do seguro-desemprego, que até então não existia, regulamentado com o nome de auxílio-desemprego. A Emenda Constitucional n. 18, de 30 de junho de 1981 (Brasil, 1981) dispôs sobre o direito à aposentadoria com proventos integrais para os docentes, contando exclusivamente o tempo de efetivo exercício em funções de magistério, após trinta anos de serviço, para os professores, e vinte e cinco anos de serviço, para as professoras. Em 1984, a última Consolidação das Leis da Previdência Social (CLPS) – Decreto n. 89.312, de 23 de janeiro de 1984 (Brasil, 1984) – reuniu toda a matéria de custeio e de prestações previdenciárias, inclusive as decorrentes de acidentes de trabalho.

A Constituição Federal de 1988, por fim, estabeleceu o modelo de seguridade social atualmente vigente, conforme veremos adiante.

— 1.3 —
Origem e evolução da assistência social

Os marcos da assistência social, ou seja, da ajuda aos necessitados conferida pelo Estado, são anteriores aos da previdência. Isso porque a assistência social, como veremos, trata de prestações que não dependem de um sistema de seguro, sendo financiada por meio dos impostos.

O *Poor Relief Act*, a *Lei dos Pobres* inglesa, de 1601, é considerada o primeiro diploma legislativo tratando de matéria assistencial. Por sua vez, no Brasil, a assistência social confundiu-se, em um primeiro momento, com o atendimento hospitalar aos mais pobres. Assim, a criação da Primeira Casa de Misericórdia, de 1543, é tida como um marco inicial de proteção aos desamparados, especialmente dos viajantes que chegaram de navios em péssimas condições de saúde.

A assistência social como política distinta do atendimento hospitalar só surgiu oficialmente em 1937, com a criação do Conselho Nacional do Serviço Social. E foi na Constituição Federal de 1988 que ela ganhou *status* de direito fundamental. A Lei n. 8.742, de 7 de dezembro de 1993 (Brasil, 1993b), como veremos mais adiante, é a **Lei Orgânica da Assistência Social**.

Capítulo 2

Conceitos básicos e princípios

Estabelecidos os contornos históricos de nosso material de estudo, passaremos agora aos conceitos básicos e aos princípios do sistema de seguridade social. Este capítulo é de suma importância, pois abordaremos os vetores orientadores de toda a interpretação dos dispositivos específicos apresentados no decorrer desta obra.

— 2.1 —
Conceitos básicos

Não é possível seguirmos na compreensão da seguridade social sem nos debruçar, ainda que minimamente, sobre alguns conceitos básicos. A aquisição do vocabulário que norteia essa disciplina é de fundamental importância para uma análise qualificada de nossa legislação.

— 2.1.1 —
Conceito de seguridade social

Conforme art. 194 da Constituição Federal (Brasil, 1988), a seguridade social se consubstancia em "um conjunto integrado de ações de iniciativa dos Poderes Públicos e da sociedade, destinadas a assegurar os direitos relativos à saúde, à previdência e à assistência social".

A Constituição Federal, em seu Título II, dedicado aos direitos e às garantias fundamentais, no Capítulo II, relativo aos direitos sociais, estabelece:

> Art. 6º São direitos sociais: a educação, a saúde, a alimentação, o trabalho, a moradia, o transporte, o lazer, a segurança, a previdência social, a proteção à maternidade e à infância, a assistência aos desamparados, na forma desta Constituição.

Nesse sentido, o conteúdo material da seguridade social, a saber, a previdência, a assistência e a saúde – incluída a proteção à maternidade –, compreende direitos sociais fundamentais.

É importante destacar a existência de uma dupla natureza da seguridade social, uma política e outra jurídica. Como política pública, a seguridade social volta-se para o atingimento dos objetivos previsto no art. 3º da Constituição Federal, notadamente a erradicação da pobreza, a diminuição das desigualdades e a criação de uma sociedade livre, justa e solidária. Além disso, apresenta-se como um direito fundamental social previsto no art. 6º da Constituição Federal.

Dessa forma podemos concluir que a seguridade social se caracteriza como um direito fundamental, associado ao princípio da dignidade humana e ao mínimo existencial, voltado à concretização dos objetivos presentes no art. 3º da Constituição Federal.

— 2.1.2 —
Conceito de previdência social

Define-se *previdência social* como uma técnica de proteção integrante do sistema de seguridade social, voltada a reduzir os efeitos nocivos dos riscos sociais previstos na Constituição Federal, como a velhice, a incapacidade, a morte, o desemprego e a maternidade, estabelecida mediante um sistema de seguro, ou seja, dependente de prévia inscrição e contribuição. As normas gerais encontram-se previstas nos arts. 201 e 202 da Constituição Federal.

— 2.1.3 —
Conceito de assistência social

A assistência social caracteriza-se como uma técnica de proteção social integrante do sistema constitucional de seguridade social voltada ao atendimento das pessoas em estado de necessidade. Diferentemente do que ocorre na previdência social, o acesso às prestações de natureza assistencial independe de prévia contribuição. Suas normas gerais encontram-se previstas no art. 203 da Constituição Federal.

Neste livro, quando mencionarmos a expressão *matéria previdenciária*, ela deverá ser compreendida como abrangendo as prestações relativas à previdência e à assistência social. Isso porque ambas possuem um mesmo órgão gestor, o Instituto Nacional do Seguro Social (INSS), autarquia federal criada pelo Decreto n. 99.350, de 27 de junho de 1990 (Brasil, 1990).

— 2.2 —
Princípios constitucionais da seguridade social

Os **princípios da seguridade social** são pontos-chave para o entendimento do sistema e devem ser objeto de estudo. Muitas decisões do Supremo Tribunal Federal (STF) e de outros tribunais chegam à conclusão sobre o cabimento de determinado benefício com base em uma análise principiológica.

No parágrafo único do art. 194 da Constituição Federal estão elencados os objetivos da seguridade social, que são interpretados pela doutrina e pela jurisprudência como verdadeiros princípios. Do mesmo modo, em concursos públicos e provas da Ordem dos Advogados do Brasil (OAB) podem ser utilizadas as duas palavras *objetivos* ou *princípios*.

— 2.2.1 —
Universalidade da cobertura e do atendimento

Quando analisamos um princípio da seguridade social (ou qualquer princípio constitucional), essa avaliação não pode ser feita de maneira descontextualizada. Assim, qualquer disposição constitucional relativa à seguridade social deve ser harmonizada com os demais princípios e objetivos estabelecidos pela própria Constituição.

O princípio da **universalidade da cobertura** significa o ideal voltado a atender ao maior número de riscos, ou seja, eventos a serem objeto de proteção, relativos às áreas da previdência social, da assistência social e da saúde.

Do mesmo modo, além da cobertura máxima, o princípio da **universalidade do atendimento** estabelece a promoção da atenção a todas as pessoas que estejam na situação prevista pela legislação, é um objetivo central da seguridade social. Cabe destacar que, nesse caso, há incidência de outro princípio constitucional, extremamente caro ao direito previdenciário, que é o princípio da isonomia, o qual estabelece que pessoas em uma mesma situação devem receber tratamento igual em termos de proteção social.

— 2.2.2 —
Uniformidade e equivalência de benefícios e serviços às populações urbanas e rurais

A Constituição Federal de 1988 procurou reparar uma falha histórica na legislação previdenciária, que consistia no tratamento diferenciado entre as populações rurais e urbanas. A razão dessa distinção é que a previdência social foi construída inicialmente apenas para os trabalhadores urbanos. Com o princípio da uniformidade e equivalência de benefícios, os trabalhadores rurais passaram a ser contemplados, em 1963, com o Estatuto do Trabalhador Rural – Lei n. 4.214, de 2 de março de 1963 (Brasil, 1963) – e em 1971, com o Funrural, Lei Complementar

n. 11, de 25 de maio de 1971 (Brasil, 1971). Contudo, essa legislação definiu um rol de benefícios bem menos abrangente do que aquele conferido aos trabalhadores urbanos.

— 2.2.3 —
Seletividade e distributividade na prestação de benefícios e serviços

Muito importante para a seguridade social é o **princípio da seletividade**. Como a seguridade social se trata de um sistema voltado ao atendimento de situações que geram um estado de vulnerabilidade social agravada, nem sempre uma condição será escolhida pelo legislador, por mais que, para o cidadão, do ponto de vista pessoal, ele esteja em um momento de necessidade.

Como exemplo, temos a fixação de idade para a aposentadoria. Com a Reforma da Previdência, ocorrida em 2019, por meio da Emenda Constitucional n. 103, de 12 de novembro de 2019 (Brasil, 2019b), as aposentadorias, como regra, só podem ocorrer aos 65 anos de idade para o homem e aos 62 anos de idade para a mulher. Com a fixação dessas idades, operou-se a seletividade. Assim, o homem com 64 anos está fora do sistema de proteção social, bem como a mulher com menos de 62 anos – exceção feita, obviamente, se forem preenchidos os requisitos para a obtenção de outros benefícios.

Olhando com mais atenção, poderíamos apontar uma aparente contradição entre a seletividade e a universalidade da cobertura. Ora, se o ideal é a universalidade, como deve ser feita uma seleção das contigências (eventos) aptas a gerar proteção?

A resposta é que há a necessidade de harmonização entre esses princípios. Não há governo no mundo que seja capaz de garantir uma prestação para toda e qualquer contingência. Cada país, segundo suas condições econômicas, estabelece o patamar segundo o qual entende ser viável financeiramente para atuar sem prejuízo das demais atividades que lhe são inerentes e sem comprometimento da própria economia. Não há, portanto, contradição entre os dois princípios.

Por sua vez, a distributividade decorre da própria missão da seguridade social em promover a erradicação da pobreza e a diminuição das desigualdades. Seja na previdência social, seja na saúde, seja na assistência social, o Estado distribui valores ou serviços voltados ao atingimento dos objetivos do art. 3º da Constituição, de modo que, junto com a universalidade, a distributividade completa e reforça um dos principais papéis da seguridade social.

— 2.2.4 —
Irredutibilidade do valor dos benefícios

O **princípio da irredutibilidade do valor dos benefícios**, muito embora pareça autoexplicativo, gera uma série de controvérsias.

A irredutibilidade diz respeito à manutenção do poder aquisitivo do indivíduo e à preservação de sua dignidade. O STF, contudo, entende que a irredutibilidade se refere apenas ao valor nominal do benefício, não levando em consideração o impacto da inflação.

> Previdência Social. Reajuste de benefício de prestação continuadas. Índices aplicados para atualização do salário de benefício. Arts. 20, § 1º e 28, § 5º, da Lei nº 8.212/91. Princípios constitucionais da irredutibilidade do valor dos benefícios (Art. 194, IV) e da preservação do valor real dos benefícios (art. 201, § 4º). Não violação. Precedentes. Agravo regimental improvido. Os índices de atualização dos salários de contribuição não se aplicam ao reajuste dos benefícios de prestação continuada. (STF, AI-AgR590177/SC, Rel. Min. Cezar Peluso 2ª T, DJ 27/04/2007, p. 96

Mais adiante, veremos que a Constituição Federal estabelece que os benefícios previdenciários devem ser reajustados de forma a preservar seu valor real. O ponto a se notar é que a disposição constitucional do art. 201, parágrafo 4º, refere-se apenas a benefícios previdenciários, e não aos demais (Brasil, 1988). Além disso, havendo previsão legal quanto aos critérios de correção, não há violação ao referido princípio constitucional, como também decidido pelo STF (STF, RE 263262/PR, Rel. Ministro Moreira Alves, 1ª Turma, DJ 23/06/2000).

— 2.2.5 —
Equidade na forma de participação no custeio

O **princípio da equidade na forma de participação no custeio** parte da concepção aristotélica acerca da justiça no caso concreto. Vale dizer que a equidade, na forma de participação no custeio, trata-se de um princípio da seguridade que visa garantir que o financiamento das prestações seja feito de forma justa, na medida da capacidade contributiva de cada participante do sistema.

A última Reforma da Previdência (Emenda Constitucional n. 103/2019), com base nesse princípio, passou a estabelecer alíquotas progressivas de contribuições previdenciárias conforme a faixa salarial, tanto para aqueles que participam do chamado *Regime Geral de Previdência Social* (RGPS) quanto para os servidores públicos.

Essa mudança tem gerado grande controvérsia e a questão já é objeto de ação direta de inconstitucionalidade no STF. Os principais argumentos em favor da tese da inconstitucionalidade são o da vedação de tributo com efeito de confisco e a ausência de contrapartida, dentro da concepção de que um aumento no valor das contribuições deveria ser seguido por uma melhora dos benefícios.

Contudo, contra a tese da inconstitucionalidade, há fortes argumentos no sentido da equidade na forma de participação no custeio e no princípio da solidariedade. Aguardamos a decisão do STF quanto a essa questão.

— 2.2.6 —
Diversidade da base de financiamento, identificando-se, em rubricas contábeis específicas para cada área, as receitas e as despesas vinculadas a ações de saúde, previdência e assistência social, preservado o caráter contributivo da previdência social

A Constituição Federal estabelece importante princípio relacionado à necessidade de diversidade de base de financiamento. A Carta Magna estabelece quais são essas fontes, sem afastar a possibilidade de criação de outras, seja por meio de lei complementar, seja por meio de lei ordinária, a depender do caso (Brasil, 1988).

Houve importante acréscimo conferido pela Emenda Constitucional n. 103/2019 no que se refere à necessidade de identificação, em rubricas específicas, das receitas e das despesas vinculadas à saúde, à previdência e à assistência social. Trata-se de medida voltada a tornar mais transparente o orçamento da seguridade social, com o propósito de evitar discussões sem fim sobre a existência ou não de *deficit*, bem como para otimizar os gastos públicos.

Devemos notar, ainda, que o constituinte já deixou claro, nesse dispositivo, que a previdência tem caráter contributivo. Conforme decidiu o STF:

A seguridade social prevista no art. 194, CF/88, compreende a previdência, a saúde e a assistência social, destacando-se que as duas últimas não estão vinculadas a qualquer tipo de contraprestação por parte dos seus usuários, a teor dos artigos 196 e 203, ambos da CF/88. (STF, RE 636.941, Rel. Min. Luiz Fux, j. 13/2/2014, P, DJE de 4-4-2014)

Conforme estabelece o art. 195, da Constituição Federal, a seguridade social será financiada por toda a sociedade, de forma direta e indireta, nos termos da lei, mediante recursos provenientes dos orçamentos da União, dos estados, do Distrito Federal e dos municípios. Além disso, o financiamento pode vir das seguintes contribuições sociais, indicadas na Constituição (Brasil, 1988):

I – do empregador, da empresa e da entidade a ela equiparada na forma da lei, incidentes sobre:

a) a folha de salários e demais rendimentos do trabalho pagos ou creditados, a qualquer título, à pessoa física que lhe preste serviço, mesmo sem vínculo empregatício;

b) a receita ou o faturamento;

c) o lucro;

II – do trabalhador e dos demais segurados da previdência social, podendo ser adotadas alíquotas progressivas de acordo com o valor do salário de contribuição, não incidindo contribuição sobre aposentadoria e pensão concedidas pelo Regime Geral de Previdência Social;

III – sobre a receita de concursos de prognósticos.

IV – do importador de bens ou serviços do exterior, ou de quem a lei a ele equiparar.

Além disso, conforme previsto no art. 195, parágrafo 4º, da Constituição de 1988, "A lei poderá instituir outras fontes destinadas a garantir a manutenção ou expansão da seguridade social, obedecido o disposto no art. 154, I" (Brasil, 1988), ou seja, novas contribuições devem ser definidas por meio de lei complementar.

Vejamos um recente caso julgado do STF no sentido da inexistência de inconstitucionalidade em relação ao aumento da alíquota de contribuição por meio de lei ordinária, entendendo inexistir ofensa ao dispositivo aqui tratado.

> Ao conferir nova redação ao artigo 8º, § 21, da Lei nº 10.865/2004, a de nº 12.844/2013 implicou majoração da alíquota da Cofins-Importação em relação a determinados setores da economia. [...] A situação concreta não atrai a observância do § 4º do artigo 195, combinado com o artigo 154, inciso I, ambos da Lei Maior, a teor dos quais somente por meio de lei complementar poderão ser instituídas outras fontes destinadas a garantir a manutenção ou a expansão da seguridade social. Não se tem a criação de novo tributo, mas acréscimo de alíquota já existente, sendo irrelevante a veiculação em dispositivo apartado. (STF, RE 1.178.310, voto do Min. Marco Aurélio, rel. p/ o ac. Min. Alexandre de Moraes, j. 16-9-2020, P, DJE de 5-10-2020, Tema 1.047)

Vejamos agora um precedente do STF declarando inconstitucional a criação de contribuição social por meio de lei ordinária:

> O § 4º do art. 195 da Constituição prevê que a lei complementar pode instituir outras fontes de receita para a seguridade social; desta forma, quando a Lei 8.870/1994 serve-se de outras fontes, criando contribuição nova, além das expressamente previstas, é ela inconstitucional, porque é lei ordinária, insuscetível de veicular tal matéria.(STF, ADI 1.103, rel. p/ o ac. Min. Maurício Corrêa, j. 18-12-1996, P, DJ de 25-4-1997)

— 2.2.7 —
Caráter democrático e descentralizado da administração, mediante gestão quadripartite, com participação dos trabalhadores, dos empregadores, dos aposentados e do governo nos órgãos colegiados

Esse princípio da seguridade social, previsto na Constituição Federal de 1988, no art. 194, parágrafo único, inciso VII, representa uma extensão do art. 10, da própria Carta Maior, segundo o qual "é assegurada a participação dos trabalhadores e empregadores nos colegiados dos órgãos públicos em que seus interesses profissionais ou previdenciários sejam objeto de discussão e deliberação" (Brasil, 1988).

Na prática, porém, esse princípio não é respeitado a contento. Há, de fato, uma grande centralização acerca das decisões relacionadas à seguridade social, em especial à previdência social, no âmbito do Governo Federal, sem grandes espaços para uma efetiva gestão descentralizada.

Além disso, há órgãos – como o importante Conselho de Recursos da Previdência Social, responsável pelo julgamento dos recursos contra as decisões de indeferimento de benefícios – que apresentam uma composição tripartite, e não quadripartite, como previsto na Constituição Federal.

— 2.2.8 —
Princípio da precedência de fonte de custeio

Conforme estabelece o art. 195, parágrafo 5º, da Constituição Federal, "Nenhum benefício ou serviço da seguridade social poderá ser criado, majorado ou estendido sem a correspondente fonte de custeio total" (Brasil, 1988). Trata-se do *princípio da contrapartida*.

Por esse princípio, qualquer lei que venha a criar algum benefício, aumentar seu valor, ou, ainda, ampliar sua abrangência deve indicar claramente de onde sairá o dinheiro para o pagamento das despesas decorrentes.

Há de se destacar que, com a Emenda Constitucional n. 95, de 16 de dezembro de 2016 (Brasil, 2016), que altera o Ato das Disposições Constitucionais Transitórias (ADCT), a chamada *Emenda do Teto dos Gastos*, houve um grande reforço quanto à necessidade de indicação expressa acerca da respectiva fonte de custeio para fins de criação, ampliação ou majoração de benefícios, conforme define seu art. 113.

Além disso, há outros diplomas infraconstitucionais, como a Lei de Responsabilidade Fiscal – Lei Complementar n. 101, de 4 de maio de 2000 (Brasil, 2000) – e a Lei de Diretrizes Orçamentárias – Lei n. 13.898, de 11 de novembro de 2019 (Brasil, 2019e), que reforçam a necessidade de indicação de prévia fonte de custeio.

Um caso julgado emblemático acerca do tema foi o da extensão do valor das pensões por morte concedidas antes do advento da Lei n. 9.032, de 28 de abril de 1995 (Brasil, 1995a). A improcedência se deu justamente por conta da ofensa a esse princípio.

> Questão de ordem. Recurso extraordinário. 2. Previdência Social. Revisão de benefício previdenciário. Pensão por morte. 3. Lei n. 9.032, de 1995. Benefícios concedidos antes de sua vigência. Inaplicabilidade. 4. Aplicação retroativa. Ausência de autorização legal. 5. Cláusula indicativa de fonte de custeio correspondente à majoração o benefício previdenciário. Ausência. 6. Jurisprudência pacificada na Corte. Regime de repercussão geral. Aplicabilidade. 7. Questão de ordem acolhida para reafirmar a jurisprudência do Tribunal e determinar a devolução aos tribunais de origem dos recursos extraordinários e agravos de instrumento que versem sobre o mesmo tema, para adoção do procedimento legal. 8. Recurso extraordinário a que se dá provimento. (STF, RE 597.389-QO-RG, Rel. Min. Gilmar Mendes, Pleno, julgamento em 22.4.2009)

Recentemente, durante a pandemia do novo coronavírus, o STF, em decisão monocrática do Ministro Gilmar Mendes, na Arguição de Descumprimento de Preceito Fundamental (ADPF) 662, afastou a ampliação dada em relação ao critério de renda do Benefício de Prestação Continuada (BPC) de um quarto para metade do salário-mínimo, exatamente com base na ausência de prévia fonte de custeio.

Entretanto, o STF também já reconheceu em outras oportunidades a possibilidade de extensão ou de majoração de benefício sem esclarecer adequadamente se havia ou não cumprimento do princípio em discussão. Por exemplo, na Ação Direta de Inconstitucionalidade (ADI) 6327, de 3 de abril de 2020 (Brasil, 2020), em que o STF ampliou o salário-maternidade para o período em que a mãe ou o bebê estiverem internados, o relator, Ministro Edson Fachin, mencionou que a fonte de custeio já estava prevista no art. 195 da Constituição Federal de forma genérica.

Ainda, tratando de previdência privada, o STF decidiu que não se aplica o princípio em referência:

> Embargos de declaração em agravo regimental em recurso extraordinário com agravo. 2. Direito do Trabalho. 3. Complementação de aposentadoria. Necessidade de prévia fonte de custeio. Inaplicável às entidades de previdência privada. 4. Inexistência de omissão, contradição ou obscuridade. 5. Efeitos infringentes. Não configuração de situação excepcional. 6. Embargos de declaração rejeitados. (STF, RE 1184794 AgR-ED,

Rel. Min. GILMAR MENDES, Segunda Turma, julgado em 28/06/2019, PROCESSO ELETRÔNICO DJe-170 DIVULG 05-08-2019 PUBLIC 06-08-2019)

— 2.3 —
Outros princípios constitucionais aplicáveis

Além dos princípios relacionados diretamente à seguridade social, ainda podemos colacionar outros que são fundamentais, sem os quais não é possível ao intérprete realizar um trabalho completo.

— 2.3.1 —
Proteção social

Podemos falar na existência de um verdadeiro **princípio geral de proteção social** oriundo de nosso sistema de seguridade social. Essa noção é extraída da própria natureza jurídica, destacada na Seção 2.1.1 deste livro e ilumina a análise de qualquer caso em matéria previdenciária.

— 2.3.2 —
Legalidade

Como ramo do direito público, o direito previdenciário está submetido essencialmente ao **princípio da legalidade**. Esse princípio impõe à administração pública a atuação conforme os estritos ditames legais.

Embora o princípio da legalidade possa ser interpretado muitas vezes como um óbice à concessão de benefícios, trata-se de importante instrumento de limitação do abuso de poder por parte da administração do Estado. Não são raros os casos em que atos normativos infralegais, como resoluções, portarias, decretos e instruções normativas, entre outros, extrapolam os limites e criam restrições inexistentes na lei e, por isso, são submetidos a um controle judicial.

— 2.3.3 —
Solidariedade

A noção do **princípio de solidariedade** decorre de uma interpretação sistemática da Constituição Federal, que parte do preâmbulo e passa pelos seguintes trechos: art. 3º; arts. 5º, 6º e 7º (direitos fundamentais); e arts. 193 e seguintes, relacionados à Ordem Social.

O STF já reafirmou por diversas vezes a aplicação do princípio da solidariedade como elemento estruturante do sistema de seguridade social no Brasil.

No Tema 503, o STF decidiu ser incabível a chamada *desaposentação*. O princípio basilar que fundamentou sua decisão foi exatamente o da solidariedade.

Constitucional. Previdenciário. Parágrafo 2º do art. 18 da Lei 8.213/91. Desaposentação. Renúncia a anterior benefício de aposentadoria. Utilização do tempo de serviço/contribuição que fundamentou a prestação previdenciária originária. Obtenção de benefício mais vantajoso. Julgamento em conjunto dos RE nºs 661.256/sc (em que reconhecida a repercussão geral) e 827.833/sc. Recursos extraordinários providos. 1. Nos RE nºs 661.256 e 827.833, de relatoria do Ministro Luís Roberto Barroso, interpostos pelo INSS e pela União, pugna-se pela reforma dos julgados dos Tribunais de origem, que reconheceram o direito de segurados à renúncia à aposentadoria, para, aproveitando-se das contribuições vertidas após a concessão desse benefício pelo RGPS, obter junto ao INSS regime de benefício posterior, mais vantajoso. 2. A Constituição de 1988 desenhou um sistema previdenciário de teor solidário e distributivo. inexistindo inconstitucionalidade na aludida norma do art. 18, § 2º, da Lei nº 8.213/91, a qual veda aos aposentados que permaneçam em atividade, ou a essa retornem, o recebimento de qualquer prestação adicional em razão disso, exceto salário-família e reabilitação profissional. 3. Fixada a seguinte tese de repercussão geral no RE nº 661.256/SC: "[n]o âmbito do Regime Geral de Previdência Social (RGPS), somente lei pode criar benefícios e vantagens previdenciárias, não havendo, por ora, previsão legal do direito à 'desaposentação', sendo constitucional a regra do art. 18, § 2º, da Lei nº 8213/91". (RE 661256, Relator(a): ROBERTO BARROSO, Relator(a) p/ Acórdão: DIAS TOFFOLI, Tribunal Pleno, julgado em 27/10/2016, PROCESSO ELETRÔNICO REPERCUSSÃO GERAL-MÉRITO DJe-221 DIVULG 27-09-2017 PUBLIC 28-09-2017)

— 2.3.4 —
Isonomia

O **princípio da isonomia**, pilar do direito constitucional, tem ampla aplicação no direito previdenciário, em especial pela grande complexidade das normas previdenciárias e pela incapacidade do legislador de prever todas as situações relacionadas ao tema.

Assim, não são raros os casos de pessoas que estão em situação idêntica, porém, ao passo que umas têm direito a determinado benefício, outras não, o que desafia o controle judicial.

Um exemplo de aplicação do princípio da isonomia se deu por meio do julgamento do Tema 982, pelo Superior Tribunal de Justiça (STJ), em que foi reconhecido o direito ao pagamento do adicional de 25% a outras aposentadorias que não a por invalidez, caso o beneficiário passe a necessitar de auxílio de terceira pessoa. Vejamos tese fixada pelo STJ no Tema 982:

> Comprovadas a invalidez e a necessidade de assistência permanente de terceiro, é devido o acréscimo de 25% (vinte e cinco por cento), previsto no art. 45 da Lei n. 8.213/91, a todos os aposentados pelo RGPS, independentemente da modalidade de aposentadoria.

Essa questão, contudo, encontra-se aguardando julgamento pelo STF.

— 2.3.5 —
Vedação do retrocesso dos direitos sociais

O **princípio da vedação do retrocesso dos direitos sociais**, entendido como a impossibilidade de redução das conquistas sociais já efetivadas, é comumente trazido à discussão no âmbito do direito previdenciário, especialmente em épocas de reforma, como passamos recentemente.

Trata-se de noção que perdeu força argumentativa, tendo prevalecido a compreensão de que, em situações de crise, é possível a restrição de direitos sociais, uma vez evidenciada a incapacidade do Estado de arcar com todas as prestações. Exemplo claro da não aplicação desse princípio se deu na ADI n. 3105, em que o STF reconheceu a constitucionalidade da taxação dos servidores públicos inativos.

Capítulo 3

*A previdência social
e a assistência social
na Constituição Federal*

Agora, começaremos a verticalizar nossos estudos, adentrando mais a fundo nas diversas nuances acerca da previdência e da assistência social.

— 3.1 —
Os regimes de previdência social

Não existe apenas um regime de previdência social no Brasil. Podemos dividir nosso sistema de previdência em cinco tipos, conforma a Constituição Federal (Brasil, 1988):

1. Regime Geral de Previdência Social (RGPS) – Previsto no art. 201 da Constituição Federal.
2. Regime próprio dos servidores públicos: Regime Próprio de Previdência Social (RPPS) – Previsto no art. 40 da Constituição Federal.
3. Sistema de proteção social dos militares – Previsto no art. 22, inciso XXI, da Constituição Federal.
4. Plano de previdência social dos congressistas – Extinto pela Reforma da Previdência – Emenda Constitucional n. 103, de 12 de novembro de 2019 (Brasil, 2019b) –, restando apenas para aqueles que já estavam filiados a ele.
5. Previdência complementar – Prevista no art. 202 da Constituição Federal; pode ser pública ou privada, aberta ou fechada.

A seguir, analisaremos as regras constitucionais relacionadas a cada um desses regimes.

— 3.2 —
Regime Geral de Previdência Social (RGPS)

O Regime Geral de Previdência Social (RGPS) é o sistema mais abrangente de nosso modelo, sendo responsável pela proteção social da maior parte da população.

— 3.2.1 —
Características do RGPS

Conforme o art. 201 da Constituição Federal, o RGPS apresenta as seguintes características:

- Filiação obrigatória – Todo trabalhador que não esteja vinculado a outro regime de previdência está automaticamente sujeito ao RGPS, o que não significa dizer que terá acesso aos benefícios, como veremos adiante.
- Caráter contributivo – Como vimos anteriormente, a previdência se distingue das demais áreas da seguridade social (assistência social e saúde) em razão da necessidade de contribuições específicas para acesso aos benefícios, à semelhança do que ocorre em um contrato de seguro.
- Equilíbrio financeiro e atuarial – O RGPS deve ser organizado de forma a respeitar o equilíbrio financeiro, ou seja, deve arcar com as despesas correntes e buscar o equilíbrio atuarial, isto é, sua organização deve ocorrer de modo a viabilizar a sustentabilidade do modelo no longo prazo.

— 3.2.2 —
Riscos cobertos

Anteriormente, vimos que a previdência social funciona como um seguro. A pessoa paga para a previdência social e, uma vez ocorrido algum sinistro, ou seja, um evento considerado pela legislação como passível de proteção, e preenchidos os demais requisitos previstos em lei, o benefício é concedido.

As hipóteses de proteção social por parte da previdência social estão previstas genericamente na Constituição Federal. São elas:

a. idade avançada;
b. incapacidade temporária ou permanente para o trabalho;
c. proteção à maternidade, especialmente à gestante;
d. proteção ao trabalhador em situação de desemprego involuntário;
e. salário-família;
f. auxílio-reclusão para os dependentes dos segurados de baixa renda;
g. pensão por morte do segurado, homem ou mulher.

A idade avançada, com a Reforma da Previdência, foi excluída da previsão expressa no inciso I do art. 201 da Constituição Federal, mas não significa que não esteja contemplada, muito pelo contrário. No art. 201, parágrafo 7º, estão estabelecidos os requisitos básicos para a concessão da aposentadoria por idade, fixada em 65 anos para os homens e em 62 anos para as mulheres. As exigências para aposentadoria por idade, inclusive os que constam da Constituição Federal, serão vistos no capítulo relativo às aposentadorias do RGPS.

A Reforma da Previdência substituiu as palavras *doença* e *invalidez* por *incapacidade temporária* e incapacidade *permanente*. A mudança foi oportuna, pois, como veremos adiante a proteção social temporária não ocorre quando há doença, mas quando há incapacidade temporária para o trabalho. Do mesmo modo, é a incapacidade permanente para o trabalho que dá ensejo à aposentadoria, e não a invalidez, um conceito mais amplo e grave.

As demais hipóteses serão objeto de estudo por ocasião da análise dos benefícios do RGPS.

— 3.2.3 —
Outras regras constitucionais relacionadas ao RGPS

Passaremos agora à análise de outras normas relevantes, de caráter constitucional, acerca dos benefícios previdenciários do RGPS.

Aposentadorias diferenciadas

A Constituição Federal veda a adoção de requisitos ou critérios diferenciados para concessão de benefícios, salvo, conforme lei complementar, a possibilidade de previsão de idade e de tempo de contribuição distintos para os seguintes segurados: a) pessoas com deficiência, desde que submetidas a uma avaliação biopsicossocial realizada por equipe multiprofissional e interdisciplinar; b) pessoas que exerçam atividades com efetiva exposição a agentes químicos, físicos e biológicos prejudiciais à saúde ou à associação desses agentes, vedada a caracterização por categoria profissional ou ocupação.

É importante salientar que a Reforma da Previdência incluiu no texto constitucional a necessidade de avaliação biopsicossocial por equipe multiprofissional e interdisciplinar para a pessoa com deficiência.

Além disso, tratando-se da chamada *aposentadoria especial por exposição a agentes nocivos*, duas mudanças devem ser destacadas: (1) só haverá direito à aposentadoria em caso de efetiva exposição, expressão que já constava da legislação infraconstitucional e agora incluída na Constituição Federal pela Emenda Constitucional n. 103/2019 (Reforma da Previdência); (2) apenas é possível a adoção de previsão de idade e de tempo de contribuição distintos por meio de lei complementar, mais uma inovação trazida pela referida emenda, já que a regra anterior possibilitava que todos os contornos jurídicos da aposentadoria especial pudessem ser veiculados por meio de lei complementar.

Vedação de benefício inferior ao mínimo

O art. 201, parágrafo 2º, da Constituição Federal, prevê que nenhum benefício que substitua o salário de contribuição ou o rendimento do trabalho do segurado terá valor mensal inferior ao salário-mínimo. Assim, benefícios previdenciários que não são substitutos de remuneração podem ter valor menor do que o do salário-mínimo, notadamente o salário-família e o auxílio-acidente.

Atualização dos salários de contribuição

A previdência social lida com toda a vida laboral do cidadão. Todos os períodos trabalhados poderão ser utilizados para o cálculo da aposentadoria. A Constituição Federal garante que todos os salários sejam atualizados até o momento em que for realizado o cálculo para a concessão do benefício, conforme os critérios estabelecidos em lei.

Garantia de reajuste preservando o valor real

Diferentemente do que ocorre na assistência social, na previdência social há previsão expressa de garantia de reajustamento dos benefícios, de forma a preservar, em caráter permanente, seu valor real, conforme critérios previstos em lei.

Recentemente, o Supremo Tribunal Federal (STF), no Tema 996, decidiu que: "Não encontra amparo no Texto Constitucional revisão de benefício previdenciário pelo valor nominal do salário-mínimo" (RE 968.414, Rel. Min. Marco Aurélio, j. 15/5/2020, P, DJe de 3/6/2020, Tema 996).

No julgado, o STF decidiu que o beneficiário não tem direito aos mesmos índices de reajustes do salário-mínimo. A Corte Suprema entendeu não haver inconstitucionalidade do art. 41-A da Lei n. 8.213, de 24 de julho de 1991 (Brasil, 1991b) – Lei de

Benefícios –, ao prever o reajuste dos benefícios pelo Índice Nacional de Preços ao Consumidor (INPC).

Devemos destacar o seguinte fenômeno, que inclusive levou ao precedente anteriormente citado (Tema 996): como o reajuste do salário-mínimo não está atrelado ao INPC e muitas vezes ele tem ocorrido em patamar superior ao da variação desse índice, os benefícios no valor do salário-mínimo podem ter um aumento maior do que aqueles cujos valores são superiores ao do salário-mínimo, os quais são reajustados pelo INPC. Assim, os benefícios superiores ao valor mínimo, aos poucos, acabarão se aproximando cada vez mais do valor mínimo.

O precedente do Tema 996 afastou o pedido para que os benefícios superiores ao mínimo também fossem corrigidos pelos mesmos critérios da correção do salário-mínimo.

Aliás, o referido art. 41-A da Lei de Benefícios prevê que o reajuste dos benefícios ocorrerá na mesma data de reajuste do salário-mínimo.

Vedação ao participante de Regime Próprio de Previdência Social (RPPS) de se filiar ao RGPS na condição de segurado facultativo

Nos termos do art. 40 da Constituição Federal, o servidor público ocupante de cargo efetivo participa de Regime Próprio de Previdência Social (RPPS), caso assim tenha sido instituído pelo respectivo ente federativo (União, estados e municípios). Por meio do que dispõe o art. 201, parágrafo 5º, da Constituição

Federal, o servidor público ocupante de RPPS não pode participar desse regime geral na condição de segurado facultativo.

Esse dispositivo está voltado a evitar uma espécie de manobra fraudulenta que visava possibilitar ao servidor público utilizar todo o tempo de serviço público no regime geral por meio de uma única contribuição como segurado facultativo. Isso era comum, em especial nos entes federativos em que o RPPS se mostrava deficitário e muitas vezes sequer tinha condições de pagar adequadamente os benefícios previdenciários.

Base para gratificação natalina

Os benefícios previdenciários, diferentemente do benefício assistencial previsto na Lei n. 8.742, de 7 de dezembro de 1993 (Brasil, 1993b), seção direito ao abono anual (13º salário). O pagamento, proporcional ao número de meses de benefício recebidos no ano, terá por base o valor auferido no mês de dezembro de cada ano, norma que o STF considerou autoaplicável (STF, RE 206.074/SP, Rel. Min. Ilmar Galvão, DJ 28/02/1997, p. 4081).

Contagem recíproca

O período trabalhado em um regime de previdência pode ser aproveitado em outro e vice-versa. Inclusive, o período trabalhado como militar segue a mesma linha. A Reforma da Previdência colocou um ponto final em qualquer tipo de controvérsia relativa à contagem recíproca.

Antes, havia certa resistência em se admitir a contagem de tempo do militar, pois esse profissional não se aposenta propriamente, ele vai para a reserva, podendo ser chamado de volta ao trabalho. Vejamos os dispositivos constitucionais acerca da contagem recíproca, previstos no art. 201, parágrafos 9º e 9º-A, da Constituição Federal:

> § 9º Para fins de aposentadoria, será assegurada a contagem recíproca do tempo de contribuição entre o Regime Geral de Previdência Social e os regimes próprios de previdência social, e destes entre si, observada a compensação financeira, de acordo com os critérios estabelecidos em lei.
>
> § 9º-A. O tempo de serviço militar exercido nas atividades de que tratam os arts. 42, 142 e 143 e o tempo de contribuição ao Regime Geral de Previdência Social ou a regime próprio de previdência social terão contagem recíproca para fins de inativação militar ou aposentadoria, e a compensação financeira será devida entre as receitas de contribuição referentes aos militares e as receitas de contribuição aos demais regimes. (Brasil, 1988)

Possibilidade de terceirização de gestão de benefícios não programados

Uma lei complementar poderá dispor acerca da cobertura de benefícios não programados, como o auxílio por incapacidade temporária, o salário-maternidade, o auxílio-reclusão e a pensão por morte, inclusive os decorrentes de acidente do trabalho. O art. 201, parágrafo 10, da Constituição Federal, prevê a possibilidade de atendimento em caráter concorrente pelo RGPS e pelo setor privado. O referido dispositivo foi complementado pela Reforma da Previdência, que estendeu o alcance da possibilidade de gestão por empresas privadas não só dos benefícios decorrentes de acidentes do trabalho, mas também de todos os benefícios não programados.

Esse dispositivo foi muito criticado por possibilitar a completa entrega da gestão de benefícios previdenciários a empresas privadas. Porém, em nossa opinião, assim como na de outros doutrinadores, trata-se de medida importante no sentido de conferir maior eficiência ao sistema.

Incorporação dos ganhos habituais

Os ganhos habituais do empregado, seja a que título for, como gorjetas, alimentação, moradia, e, de acordo com o art. 201, parágrafo 11, da Consituição Federal, serão incorporados ao salário para efeito de contribuição previdenciária e consequente repercussão em benefícios, conforme dispuser a lei.

Devemos lembrar que a previdência é um sistema contributivo e todos os benefícios têm estrita correspondência com a respectiva remuneração do trabalhador por toda a sua vida laboral, razão pela qual o tema é de suma importância e pode significar expressivo aumento nos benefícios previdenciários.

Sistema de inclusão previdenciária

A Constituição Federal prevê o sistema de inclusão previdenciária. Vejamos o que diz o art. 201, parágrafo 12:

Lei instituirá sistema especial de inclusão previdenciária, com alíquotas diferenciadas, para atender aos trabalhadores de baixa renda, inclusive os que se encontram em situação de informalidade, e àqueles sem renda própria que se dediquem exclusivamente ao trabalho doméstico no âmbito de sua residência, desde que pertencentes a famílias de baixa renda. (Brasil, 1988)

Temos três categorias nesse grupo: em primeiro lugar, estão os trabalhadores de baixa renda, contemplados pela Lei Complementar 123, de 14 de dezembro de 2006 (Brasil, 2006a), **que trata do microempreendedor individual (MEI) e possibilita o acesso aos benefícios previdenciários por meio de uma alíquota reduzida, no importe de 5% do salário-mínimo.**

Também há o chamado *facultativo doméstico de baixa renda*, ou seja, a pessoa que trabalha em casa, sem remuneração e que, portanto, está fora do mercado de trabalho, desde que considerada de baixa renda, conforme critérios estabelecidos pelo Governo Federal. Esse indivíduo também recolhe com alíquota reduzida de 5% do salário-mínimo, conforme Lei n. 12.470, de 31 de agosto de 2011 (Brasil, 2011b).

Por fim, a Reforma da Previdência ampliou a abrangência do sistema de inclusão previdenciária para incluir os trabalhadores informais de baixa renda. Ainda não há regulamentação por lei. Trata-se de medida de suma importância no sentido de promoção de maior proteção social à população. Vale ressaltar que o auxílio emergencial criado por ocasião da pandemia do novo coronavírus teve por efeito colateral revelar a existência de milhões de pessoas que estavam à margem de qualquer tipo de proteção social. Desse modo, a medida trazida pela Reforma da Previdência veio bem a calhar.

Vedação ao cômputo de tempo ficto

O parágrafo 14 do art. 201 da Constituição Federal, inserido pela Reforma da Previdência, estabeleceu a vedação de contagem de tempo fictício para feito de concessão de benefícios previdenciários e de contagem recíproca.

A vedação de contagem de tempo fictício não é novidade em nosso sistema. O art. 40, parágrafo 10, da Constituição Federal dispõe nesse sentido, além da legislação infraconstitucional, em especial o Regulamento da Previdência Social – Decreto 3.048, de 6 de maio de 1999 (Brasil, 1999), art. 51, parágrafo 1º.

A grande controvérsia em relação ao tempo ficto se dá em relação a sua própria definição. O entendimento predominante é o de que o tempo fictício é aquele não trabalhado e para o qual não houve recolhimento, por exemplo, a previsão de conversão da licença-prêmio não gozada em dobro para fins de aposentadoria. Porém, mesmo assim, não há uma definição clara na legislação.

A Reforma da Previdência previu que o período exercido em condições especiais não poderá ser convertido em tempo comum após 13 de novembro de 2019. O período especial, portanto, só poderá ser utilizado para fins de aposentadoria especial e não para acrescer ao período de contribuição para fins da aposentadoria programada. O constituinte derivado entendeu que o período especial se trata de uma espécie de tempo ficto. Contudo, o STF, no Tema 942, no voto do relator, deixou claro que não se trata de tempo ficto. A questão certamente chegará a nossa Corte Suprema.

Regras para a acumulação de benefícios

A Reforma da Previdência pretendeu, entre outros objetivos, reduzir distorções no recebimento de benefícios previdenciários. Sob outra perspectiva, a ideia do governo foi buscar meios de reduzir gastos. Assim, a Emenda Constitucional n. 103/2019 previu, no art. 201, parágrafo 15, que caberá à lei estabelecer "vedações, regras e condições para a acumulação de benefícios previdenciários" (Brasil, 2019).

Enquanto não for editada lei complementar tratando do assunto, o próprio constituinte derivado estabeleceu disposições transitórias, conforme art. 24 da Emenda Constitucional n. 103/2019:

> Art. 24. É vedada a acumulação de mais de uma pensão por morte deixada por cônjuge ou companheiro, no âmbito do mesmo regime de previdência social, ressalvadas as pensões do mesmo instituidor decorrentes do exercício de cargos acumuláveis na forma do art. 37 da Constituição Federal.
>
> § 1º Será admitida, nos termos do § 2º, a acumulação de:
>
> I – pensão por morte deixada por cônjuge ou companheiro de um regime de previdência social com pensão por morte

concedida por outro regime de previdência social ou com pensões decorrentes das atividades militares de que tratam os arts. 42 e 142 da Constituição Federal;

II – pensão por morte deixada por cônjuge ou companheiro de um regime de previdência social com aposentadoria concedida no âmbito do Regime Geral de Previdência Social ou de regime próprio de previdência social ou com proventos de inatividade decorrentes das atividades militares de que tratam os arts. 42 e 142 da Constituição Federal; ou

III – pensões decorrentes das atividades militares de que tratam os arts. 42 e 142 da Constituição Federal com aposentadoria concedida no âmbito do Regime Geral de Previdência Social ou de regime próprio de previdência social.

§ 2º Nas hipóteses das acumulações previstas no § 1º, é assegurada a percepção do valor integral do benefício mais vantajoso e de uma parte de cada um dos demais benefícios, apurada cumulativamente de acordo com as seguintes faixas:

I – 60% (sessenta por cento) do valor que exceder 1 (um) salário-mínimo, até o limite de 2 (dois) salários-mínimos;

II – 40% (quarenta por cento) do valor que exceder 2 (dois) salários-mínimos, até o limite de 3 (três) salários-mínimos;

III – 20% (vinte por cento) do valor que exceder 3 (três) salários-mínimos, até o limite de 4 (quatro) salários-mínimos; e

IV – 10% (dez por cento) do valor que exceder 4 (quatro) salários-mínimos.

§ 3º A aplicação do disposto no § 2º poderá ser revista a qualquer tempo, a pedido do interessado, em razão de alteração de algum dos benefícios.

§ 4º As restrições previstas neste artigo não serão aplicadas se o direito aos benefícios houver sido adquirido antes da data de entrada em vigor desta Emenda Constitucional.

§ 5º As regras sobre acumulação previstas neste artigo e na legislação vigente na data de entrada em vigor desta Emenda Constitucional poderão ser alteradas na forma do § 6º do art. 40 e do § 15 do art. 201 da Constituição Federal. (Brasil, 2019b)

Há de se destacar que as regras referidas nesse artigo da Emenda Constitucional n. 103/2019 não afastam outros dispositivos legais de vedação de acumulação, como o art. 96 da Lei 8.213/1991 e o art. 29 da Lei 3.765, de 4 de maio de 1960 (Brasil, 1960).

Aposentadoria compulsória para empregados públicos

Veremos agora a última regra prevista no parágrafo 16 do art. 201 da Constituição Federal, segundo a qual os empregados dos consórcios públicos, das empresas públicas, das sociedades de economia mista e de suas subsidiárias serão aposentados compulsoriamente, observado o cumprimento do tempo mínimo de contribuição, ao atingir 75 de idade. Isso significa dizer que todo empregado público deverá se afastar do serviço aos 75 anos de idade, tendo o direito à aposentadoria apenas se cumprir o tempo mínimo de contribuição.

Vale destacar que a aposentadoria compulsória, antes da Emenda Constitucional n. 103/2019, estava prevista para servidor ocupante de cargo efetivo. Agora, ela foi estendida para os empregados públicos, que são regidos pelo RGPS.

— 3.3 —
Regime Próprio de Previdência Social

O Regime Próprio de Previdência Social (RPPS) por muito tempo foi considerado simplesmente um tema secundário do direito administrativo. Contudo, esse cenário mudou nas últimas duas décadas, principalmente por força das emendas constitucionais que trataram da matéria. Assim, a disciplina relativa ao RPPS tem ganhado maior atenção dos estudiosos.

— 3.3.1 —
Regras gerais

A previdência dos servidores públicos tem sido objeto de uma série de modificações ao longo dos anos, por meio de diversas emendas constitucionais:

- Emenda Constitucional n. 3, de 17 de março de 1993 (Brasil, 1993a) – Passou a exigir contribuições previdenciárias do servidores.

- Emenda Constitucional n. 20, de 15 de dezembro de 1998 (Brasil, 1998) – Estabeleceu a idade mínima para aposentadoria.
- Emenda Constitucional n. 41, de 19 de dezembro de 2003 (Brasil, 2003a) – Estabeleceu a exigência de contribuições também dos aposentados e dos pensionistas que incidem sobre o valor que excede o limite do Regime Geral.
- Emenda Constitucional n. 47, de 6 de julho de 2005 (Brasil, 2005) – Amenizou algumas das regras trazidas pela Emenda Constitucional n. 41/2003.
- Emenda Constitucional n. 88, 7 de maio de 2015 (Brasil, 2015a) – Possibilitou a ampliação da aposentadoria compulsória de 70 para 75 anos de idade.
- Emenda Constitucional n. 103, de 12 de novembro de 2019 (Brasil, 2019b) – Afetou o RPPS em vários aspectos.

Em linhas gerais, o RPPS, que só se aplica aos servidores titulares de cargos efetivos, tem caráter contributivo e solidário. O financiamento ocorre por meio de contribuição do respectivo ente federativo, de servidores ativos, de aposentados e de pensionistas, devendo ser observado o equilíbrio financeiro e atuarial. Vale lembrar que a Emenda Constitucional n. 103/2019 instituiu as chamadas *alíquotas progressivas*, aplicáveis por faixas salariais, atingindo severamente os servidores públicos. Além disso, em caso de *deficit* atuarial do sistema, poderá haver a criação de contribuição que incidirá sobre aposentadorias e pensões superiores a um salário-mínimo e, também, contribuição extraordinária, com prazo limitado de duração de 20 anos, caso a primeira medida não tenha se mostrado efetiva.

A partir da Emenda Constitucional n. 103/2019 foi vedada a criação de novos Regimes Próprios de Previdência Social (RPPS). A União e todos os estados da Federação apresentam regimes próprios, mas isso não ocorre com todos os municípios, ficando os servidores deste vinculados ao RGPS.

A Reforma da Previdência, ainda, promoveu a constitucionalização de diversas normas relacionadas à gestão e à administração dos regimes próprios, com o intuito de conferir maior transparência e seriedade ao tratamento do dinheiro público destinado à previdência dos servidores.

Além disso os regimes próprios deverão instituir, no prazo de dois anos a contar da vigência da Emenda Constitucional n. 103/2019, um Regime de Previdência Complementar (RPC). Uma vez implementado o RPC, haverá a aproximação praticamente completa entre o RGPS e os regimes próprios.

— 3.3.2 —
Aposentadorias e pensão por morte

Nos termos da Constituição Federal, o servidor público detentor de cargo efetivo integrante de RPPS poderá ser aposentado por incapacidade permanente caso não seja possível sua readaptação.

A readaptação foi incluída pela Emenda Constitucional n. 103/2019 e consiste, conforme o parágrafo 13 do art. 37 da Constituição Federal, *in verbis*:

§ 13. O servidor público titular de cargo efetivo poderá ser readaptado para exercício de cargo cujas atribuições e responsabilidades sejam compatíveis com a limitação que tenha sofrido em sua capacidade física ou mental, enquanto permanecer nesta condição, desde que possua a habilitação e o nível de escolaridade exigidos para o cargo de destino, mantida a remuneração do cargo de origem. (Brasil, 1988)

A Reforma da Previdência procurou aproximar o regimes próprios do RGPS. Três foram os principais aspectos que revelam essa aproximação: (1) a fixação da idade para aposentadoria, de 65 anos para o homem e 62 anos para a mulher em ambos os regimes; (2) as regras de cálculo, também idênticas para ambos os regimes, conforme art. 26; (3) as regras de pensão por morte.

Conforme o art. 10 da Emenda Constitucional n. 103/2019, além do cumprimento do requisito etário, o servidor público deve obedecer ao tempo de contribuição mínimo, estabelecido em 25 anos, tanto para o homem quanto para a mulher. Exigem-se, ainda, 10 anos de efetivo exercício de serviço público e 5 anos no cargo efetivo em que for concedida a aposentadoria.

Os professores terão a idade reduzida em 5 anos, podendo se aposentar, portanto, aos 60 anos (homem) e aos 57 anos de idade (mulher). O professor, independentemente do sexo, deve cumprir 25 anos de contribuição em efetivo exercício das funções de magistério na educação infantil e no ensino fundamental e médio, 10 anos de efetivo exercício público e 5 anos de serviço no cargo efetivo em que for concedida a aposentadoria.

Além da aposentadoria por incapacidade permanente e da aposentadoria programada (idade somada ao tempo de contribuição), o servidor pode ser aposentado compulsoriamente aos 75 anos de idade, com direito a proventos proporcionais ao tempo de contribuição.

Os entes federativos poderão estabelecer idade e tempo de contribuição diferenciados para as pessoas com deficiência, bem como para os servidores sujeitos a agentes nocivos (prejudiciais à saúde). Para os primeiros, enquanto não sobrevier legislação específica, será aplicada a Lei Complementar n. 142, de 8 de maio de 2013 (Brasil, 2013b). Para a chamada aposentadoria especial, aplicam-se as regras do RGPS previstas na Lei 8.213/1991.

As regras de pensão por morte são as mesmas do Regime Geral, bem como as regras de cálculo.

— 3.3.3 —
Outras regras do RPPS

O RPPS não pode conceder outros benefícios que não sejam a aposentadorias e as pensões. Assim, direitos como auxílio por incapacidade temporária, salário-maternidade e auxílio-reclusão deverão ser pagos pelo respectivo ente federativo.

O art. 40, parágrafo 19, da Constituição Federal, com redação dada pela Emenda Constitucional n. 103/2019, prevê o pagamento do chamado *abono de permanência* para os servidores que cumprirem os requisitos para aposentadoria e optarem por permanecer trabalhando. O abono de permanência terá o valor máximo equivalente ao montante da contribuição previdenciária paga pelo servidor, conforme dispuser a lei.

As regras do RGPS são aplicáveis subsidiariamente ao RPPS. Além disso, os novos requisitos para a obtenção dos benefícios aplicam-se aos servidores públicos federais. Quanto aos servidores dos estados e dos municípios, cada ente federativo deverá efetuar a adequação de suas regras e, enquanto isso não ocorrer, aplicam-se as normas constitucionais anteriores à Reforma da Previdência.

— 3.4 —
Previdência complementar

A previdência complementar representa uma camada extra de proteção para aqueles que se interessarem. Portanto, ela é facultativa.

A previdência complementar pode ser pública ou privada. A primeira está prevista no art. 40, parágrafos 14 a 16, e a segunda, no art. 202 da Constituição Federal.

Todos os entes federativos estão obrigados a instituir regimes de previdência complementar no prazo de dois anos a contar da **promulgação da Emenda Constitucional n. 103/2019**. A União e os estados já possuem seus respectivos regimes de previdência complementar. O problema maior se encontra nos municípios.

Uma vez criado o RPC, os benefícios do servidor público estarão limitados ao teto do RGPS. Eventual complementação se dará por meio da previdência complementar, a depender da adesão ou não do servidor ao plano. Vale ressaltar que, ao aderir ao RPC, o servidor não tem direito a um valor de benefício definido, modalidade que gerou uma série de problemas de solvência em diversos regimes de previdência complementar. A única modalidade permitida pela Constituição Federal é a da contribuição definida.

Quanto à previdência complementar privada, ela é acessível a todos que se interessarem por ela, mediante a adesão aos planos oferecidos por instituições financeiras. A Reforma da Previdência permitiu, inclusive, que a gestão do RPC dos servidores públicos possa ser realizada por instituições privadas, conforme dispuser a lei complementar.

— 3.5 —
Previdência dos parlamentares

Com a Reforma da Previdência, os parlamentares passaram a se sujeitar ao RGPS. Apenas aqueles que já estavam vinculados aos regimes anteriores – Lei n. 9.506, de 30 de outubro de 1997 (Brasil, 1997) e Lei n. 7.087, de 30 de dezembro de 1982 (Brasil, 1982) – permanecem sob suas regras.

Os servidores públicos federais exercentes de mandato eletivo, por sua vez, permanecem vinculados a seu regime de origem.

— 3.6 —
Sistema de proteção social dos militares

A Reforma da Previdência incluiu no art. 22, inciso XXI, da Constituição Federal, a competência privativa da União para estabelecer "normas gerais de organização, efetivos, material bélico, garantias, convocação, mobilização, inatividades e pensões das polícias militares e dos corpos de bombeiros militares" (Brasil, 2019b).

Até então, não havia um corpo de normas gerais, de forma que cada estado regulamentava de forma diferente a inatividade de seus militares. Vale ressaltar que, para os militares, não se trata propriamente de uma aposentadoria, mas de uma situação de inatividade remunerada, pois eles poderão ser chamados a qualquer momento da reserva para atuar em combate. Por essa razão, não se fala em *previdência dos militares*, e sim em *proteção social dos militares*.

As referidas normas gerais já foram criadas por meio da Lei n. 13.954, de 16 de dezembro de 2019 (Brasil, 2019f).

— 3.7 —
A assistência social
na Constituição Federal de 1988

Como dissemos no início de nosso trabalho, quando tratamos de direito previdenciário, lidamos com os regimes de previdência e com a assistência social, em especial o Benefício de Prestação Continuada (BPC), previsto na Lei n. 8.742/1993, pois sua administração é feita pelo Instituto Nacional do Seguro Social (INSS).

O art. 203 da Constituição Federal traz as diretrizes gerais a respeito da assistência social. Trata-se de uma técnica de proteção social voltada ao atendimento dos necessitados, independentemente de uma contrapartida contributiva, e visa atender as seguintes contingências:

> Art. 203. A assistência social será prestada a quem dela necessitar, independentemente de contribuição à seguridade social, e tem por objetivos:
>
> I – a proteção à família, à maternidade, à infância, à adolescência e à velhice;
>
> II – o amparo às crianças e adolescentes carentes;
>
> III – a promoção da integração ao mercado de trabalho;
>
> IV – a habilitação e reabilitação das pessoas portadoras de deficiência e a promoção de sua integração à vida comunitária;

V - a garantia de um salário mínimo de benefício mensal à pessoa portadora de deficiência e ao idoso que comprovem não possuir meios de prover à própria manutenção ou de tê-la provida por sua família, conforme dispuser a lei. (Brasil, 1988)

Quanto à organização e à gestão dos recursos relacionados à assistência social, assim dispõe o art. 204 da Constituição Federal:

> Art. 204. As ações governamentais na área da assistência social serão realizadas com recursos do orçamento da seguridade social, previstos no art. 195, além de outras fontes, e organizadas com base nas seguintes diretrizes:
>
> I - descentralização político-administrativa, cabendo a coordenação e as normas gerais à esfera federal e a coordenação e a execução dos respectivos programas às esferas estadual e municipal, bem como a entidades beneficentes e de assistência social;
>
> II - participação da população, por meio de organizações representativas, na formulação das políticas e no controle das ações em todos os níveis.
>
> Parágrafo único. É facultado aos Estados e ao Distrito Federal vincular a programa de apoio à inclusão e promoção social até cinco décimos por cento de sua receita tributária líquida, vedada a aplicação desses recursos no pagamento de:

I – despesas com pessoal e encargos sociais;

II – serviço da dívida;

III – qualquer outra despesa corrente não vinculada diretamente aos investimentos ou ações apoiados. (Brasil, 1988)

Destaque deve ser feito para o BPC, conforme inciso V do art. 203 da Constituição Federal, voltado aos idosos com 65 anos ou mais, bem como às pessoas com deficiência, desde que não tenham condições de prover a própria subsistência ou tê-la provida pela família. Estudaremos os requisitos estabelecidos pela Lei n. 8.742/1993 mais adiante.

Capítulo 4

Regras gerais e beneficiários do Regime Geral de Previdência Social (RGPS)

Ultrapassada a apresentação geral da previdência social no país, passaremos ao estudo do regime que abrange mais de 85% da população brasileira, o Regime Geral de Previdência Social (RGPS). Assim, veremos suas principais características, como estrutura, conceitos básicos, requisitos dos benefícios, custeio, crimes e judicialização.

— 4.1 —
Fontes do RGPS

O Regime Geral de Previdência Social (RGPS) tem fundamento na Constituição Federal, como já vimos anteriormente. A Lei n. 8.212, de 24 de julho de 1991 (Brasil, 1991a) – a *Lei de Custeio* –, e a Lei n. 8.213, de 24 de julho de 1991 (Brasil, 1991b) – a *Lei de Benefícios* –, tratam, respectivamente, dos benefícios e do custeio do RGPS. Além dessas duas leis, há outras que abordam temas específicos, como a Lei n. 10.666, de 8 de maio de 2003 (Brasil, 2003b).

Por sua vez, o Decreto n. 3.048, de 6 de maio de 1999 (Brasil, 1999), atualizado pelo Decreto n. 10.410, de 30 de junho de 2020 (Brasil, 2020a), é o chamado *Regulamento da previdência social*. Também temos a Instrução Normativa n. 77, de 21 de janeiro de 2015 (Brasil, 2015e), ainda não atualizada com a Reforma da Previdência – Emenda Constitucional n. 103, de 12 de novembro de 2019 (Brasil, 2019b) –, que é o guia de trabalho dos servidores do Instituto Nacional do Seguro Social (INSS).

Há ainda uma série de portarias, resoluções, ofícios e memorandos que orientam a atuação da Administração Pública, em um emaranhado sem fim de dispositivos, o que torna extremamente desafiadora a atuação em matéria previdenciária.

— 4.2 —
Estrutura do RGPS

Desde a Lei n. 13.844, de 18 de junho de 2019 (Brasil, 2019c), a previdência está a cargo do Ministério da Economia, sob o comando do Secretário de Previdência e Trabalho. O Conselho Nacional da Previdência Social e o Conselho de Recursos da Previdência Social também estão na estrutura do Ministério da Economia.

Ao Conselho Nacional de Previdência Social, nos termos do art. 4º da Lei de Benefícios – Lei n. 8.213/1991, incumbe estabelecer as diretrizes gerais da previdência social, bem como acompanhar a gestão e as contas do RGPS.

Por sua vez, ao Conselho de Recursos da Previdência Social, na forma do art. 126 da Lei de Benefícios, compete julgar:

> I – recursos das decisões do INSS nos processos de interesse dos beneficiários;
>
> II – contestações e recursos relativos à atribuição, pelo Ministério da Economia, do Fator Acidentário de Prevenção aos estabelecimentos das empresas;

III – recursos das decisões do INSS relacionados à comprovação de atividade rural de segurado especial de que tratam os arts. 38-A e 38-B, ou demais informações relacionadas ao CNIS de que trata o art. 29-A desta Lei.

IV - recursos de processos relacionados à compensação financeira de que trata a Lei nº 9.796, de 5 de maio de 1999, e à supervisão e à fiscalização dos regimes próprios de previdência social de que trata a Lei nº 9.717, de 27 de novembro de 1998. (Brasil, 1991b)

— 4.3 —
Princípios da previdência social

A Lei n. 8.213/1991, em seu art. 2º, elenca os princípios da previdência social, que muito se assemelham aos já vistos por ocasião dos princípios da seguridade social:

I - universalidade de participação nos planos previdenciários;

II - uniformidade e equivalência dos benefícios e serviços às populações urbanas e rurais;

III - seletividade e distributividade na prestação dos benefícios;

IV - cálculo dos benefícios considerando-se os salários-de-contribuição corrigidos monetariamente;

V - irredutibilidade do valor dos benefícios de forma a preservar-lhes o poder aquisitivo;

VI – valor da renda mensal dos benefícios substitutos do salário-de-contribuição ou do rendimento do trabalho do segurado não inferior ao do salário mínimo;

VII – previdência complementar facultativa, custeada por contribuição adicional;

VIII – caráter democrático e descentralizado da gestão administrativa, com a participação do governo e da comunidade, em especial de trabalhadores em atividade, empregadores e aposentados. (Brasil, 1991b)

— 4.4 —
Conceitos básicos

Chegamos a um tema absolutamente central de nosso livro, que trata dos conceitos fundamentais sem os quais não conseguimos efetuar qualquer tipo de análise sobre a concessão de benefícios.

Quando abordamos um regime de previdência, qualquer que seja, estamos considerando um sistema que prevê o pagamento de benefícios àquelas pessoas que, de alguma forma, estão vinculadas a ele, de forma direta ou indireta.

Assim, os beneficiários da previdência social são o núcleo central do sistema e merecem toda a atenção. Vamos conhecer os dois tipos de beneficiários previstos no RGPS: (1) os segurados; e (2) os dependentes dos segurados.

Os segurados têm vinculação direta com o RGPS, e os dependentes, indireta. Estes só fazem jus aos benefícios caso os segurados com os quais têm relação de dependência estejam sujeitos ao RGPS.

As aposentadorias, os benefícios por incapacidade e o salário-maternidade são cabíveis aos segurados. Por sua vez, a pensão por morte e o auxílio-reclusão são concernentes aos dependentes.

São vários os tipos de segurados, bem como são diversas as classes de dependentes. Estudaremos todas essas distinções na sequência, junto com o posicionamento dos tribunais em relação às questões mais comuns e às mais delicadas.

De toda sorte, neste primeiro momento, é relevante ressaltar que a distinção entre cada espécie de segurado e de dependente é de extrema importância para se compreender o regime jurídico previdenciário estabelecido a cada uma dessas pessoas.

Em outras palavras, cada tipo de segurado diferente está sujeito a um regime jurídico próprio, a ser identificado por meio da análise dos dispositivos da Lei n. 8.213/1991 e das demais legislações especiais que tratam do RGPS.

Boa parte dos requisitos estão previstos na própria Lei n. 8.213/1991, em seus diversos artigos; mas há dispositivos também em outras leis. Por exemplo, a Lei n. 10.666/2003 trata da aposentadoria especial do trabalhador em cooperativas, assim como traz normas acerca dos contribuintes individuais que prestam serviços a empresas.

Dessa maneira, mostra-se de suma importância conhecer os tipos de segurado, pois para cada um deles os requisitos para a concessão dos benefícios são diferentes. Claro, boa parte das normas se aplicam a todos, mas há diferenças sensíveis, que serão analisadas mais adiante.

Do mesmo modo, o estudo das diversas classes de dependentes é de suma importância, pois as condições para acesso aos benefícios deixados pelos segurados são diferentes.

A matéria relativa aos beneficiários do RGPS está disciplinada nos arts. 10 a 17 da Lei n. 8.213/1991 – trata-se do Capítulo I da Lei de Benefícios. Esse capítulo está dividido em três seções: Seção I – Dos segurados; Seção II – Dos dependentes; e Seção III – Das inscrições. Vejamos cada uma elas.

Os beneficiários do RGPS, conforme dispõe o art. 10 da Lei n. 8.213/1991, podem ser os segurados e os dependentes. Há benefícios voltados para os primeiros como as aposentadorias, o salário-maternidade e os benefícios por incapacidade, e aqueles voltados para os segundos que são a pensão por morte e o auxílio-reclusão.

Não há possiblidade de designação de terceiros para a obtenção de benefícios previdenciários. Na redação original da Lei n. 8.213/1991, havia a previsão da possibilidade de indicação de pessoa menor de 21 anos ou maior de 60 anos ou inválida. Esse dispositivo foi revogado pela Lei n. 9.032, de 28 de abril de 1995 (Brasil, 1995a).

Não há possibilidade de pessoas jurídicas receberem benefícios. Apenas pessoas físicas (segurados e dependentes) têm acesso a prestações previdenciárias, desde que preenchidos os requisitos.

Além dos conceitos de segurados e dependentes, estudaremos os de manutenção e de perda da qualidade de segurado (art. 15) e o de carência (art. 24) constantes na Lei n. 8.213/1991, essenciais para a compreensão do RGPS.

— 4.5 —
Segurados do RGPS

Os segurados do RGPS são divididos em duas classes: (1) obrigatórios; e (2) facultativos.

Para os segurados obrigatórios, não há opção de aderir ou não ao RGPS. Eles estão necessariamente vinculados à previdência social, porém só terão direito aos benefícios previstos na legislação se cumprirem todos os requisitos.

Os segurados obrigatórios são de cinco espécies:

1. Empregado.
2. Empregado doméstico.
3. Contribuinte individual.
4. Trabalhador avulso.
5. Segurado especial.

Para os segurados facultativos, a adesão ao regime de previdência depende de uma escolha pessoal, e só produzirá efeitos caso eles realizem devidamente a inscrição e efetuem o correto recolhimento das contribuições previdenciárias.

— 4.5.1 —
Segurados obrigatórios

O art. 11 da Lei n. 8.213/1991 estabelece o rol de pessoas físicas que são segurados obrigatórios. Vale ressaltar que apenas pessoas físicas fazem parte dos segurados do RGPS.

4.5.1.1
Empregado

A primeira espécie de segurado obrigatório tratada pela Lei n. 8.213/1991 é a do empregado.

A categoria dos empregados possui, em seu benefício, a característica de que, independentemente de registro em carteira de trabalho ou do efetivo recolhimento das contribuições por parte do empregador, sua vinculação à previdência social estará garantida. Gozam da mesma benesse aqueles comprovadamente segurados especiais e os contribuintes individuais que prestam serviços à empresa, conforme a Lei n. 10.666/2003.

A Emenda Constitucional n. 103/2019, art. 40, parágrafo 13, a chamada *Reforma da Previdência*, estabeleceu quanto ao agente público "ocupante, exclusivamente, de cargo em comissão declarado em lei de livre nomeação e exoneração, de outro cargo temporário, inclusive mandado eletivo, ou de emprego público" (Brasil, 2019b), a vinculação ao RGPS. Vale dizer que está fora do RGPS apenas o agente público ocupante de cargo efetivo.

Nos termos do inciso I, do art. 11 da Lei de Benefícios (Lei n. 8.213/1991), são empregados:

a) aquele que presta serviço de natureza urbana ou rural à empresa, em caráter não eventual, sob sua subordinação e mediante remuneração, inclusive como diretor empregado; (Brasil, 1991b).

Trata-se da hipótese mais comum no tocante à relação de emprego. Valendo-nos dos termos usados na doutrina trabalhista, uma vez prestado o serviço mediante subordinação, assiduidade, pessoalidade e onerosidade, a empresa, urbana ou rural, estará caracterizada a condição de empregado também para fins previdenciários.

Devemos destacar que, nos termos da Lei n. 9.608, de 18 de fevereiro de 1998 (Brasil, 1998), o trabalho voluntário não gera vínculo empregatício, de forma que não há obrigação previdenciária adjacente. Aquele que presta serviços voluntários poderá se filiar ao RGPS na condição de segurado facultativo.

Podemos notar que o dispositivo destaca a figura do "diretor empregado", ou seja, aquela pessoa que é alçada ao cargo de direção da empresa, mas continua mantendo os vínculos de subordinação, assiduidade, onerosidade e pessoalidade.

Merece destaque a figura do menor aprendiz, previsto na Consolidação das Leis do Trabalho (CLT) – Decreto-Lei n. 5.452, de 1 de maio de 1943 (Brasil, 1943) – em seu art. 428, *in verbis*:

Art. 428. Contrato de aprendizagem é o contrato de trabalho especial, ajustado por escrito e por prazo determinado, em que o empregador se compromete a assegurar ao maior de 14 (quatorze) e menor de 24 (vinte e quatro) anos inscrito em programa de aprendizagem formação técnico-profissional metódica, compatível com o seu desenvolvimento físico, moral e psicológico, e o aprendiz, a executar com zelo e diligência as tarefas necessárias a essa formação.

Acerca do aluno aprendiz, houve importante mudança de posicionamento na Súmula 18 da Turma Nacional de Uniformização (TNU) de Jurisprudência dos Juizados Especiais Federais:

> Provado que o aluno aprendiz de Escola Técnica Federal recebia remuneração, mesmo que indireta, à conta do orçamento da União, o respectivo tempo de serviço pode ser computado para fins de aposentadoria previdenciária.

Conforme julgamento ocorrido em 14 de fevereiro de 2020, além da necessidade de remuneração à conta do orçamento do ente público, a prestação do serviço deve ser destinada a terceiros. Vejamos o Tema 216 da TNU:

> Para fins previdenciários, o cômputo do tempo de serviço prestado como aluno-aprendiz exige a comprovação de que, durante o período de aprendizado, houve simultaneamente: (i) retribuição consubstanciada em prestação pecuniária ou

em auxílios materiais; (ii) à conta do Orçamento; (iii) a título de contraprestação por labor; (iv) na execução de bens e serviços destinados a terceiros.

Como fundamento para a revisão do seu entendimento, a TNU se valeu da mudança de compreensão promovida pelo Tribunal de Contas da União, em seu enunciado 96. Vejamos o que diz esse documento:

> Conta-se para todos os efeitos, como tempo de serviço público, o período de trabalho prestado, na qualidade de aluno-aprendiz, em Escola Pública Profissional, desde que comprovada a retribuição pecuniária à conta do Orçamento, admitindo-se, como tal, o recebimento de alimentação, fardamento, material escolar e parcela de renda auferida com a execução de encomendas para terceiros.

Por fim, ainda sobre o assunto, pode-se dizer que, agora, há uma sintonia entre o entendimento da TNU e do Superior Tribunal de Justiça (STJ) acerca do tema.

> b) aquele que, contratado por empresa de trabalho temporário, definida em legislação específica, presta serviço para atender a necessidade transitória de substituição de pessoal regular e permanente ou a acréscimo extraordinário de serviços de outras empresas; (Brasil, 1991b)

Trata-se da figura do trabalhador temporário, previsto na Lei n. 6.019, de 3 de janeiro de 1974 (Brasil, 1974a), com redação atualizada pela chamada *Reforma Trabalhista* – Lei n. 13.429, de 31 de março de 2017 (Brasil, 2017a) – definido como aquela pessoa física

> contratada por uma empresa de trabalho temporário que a coloca à disposição de uma empresa tomadora de serviços, para atender à necessidade de substituição transitória de pessoal permanente ou à demanda complementar de serviços. (Brasil, 2017a)

Conforme art. 10 da referida lei, o contrato de trabalho temporário, com relação ao mesmo empregador, não poderá exceder o prazo de 180 dias, consecutivos ou não, e poderá ser prorrogado por até 90 dias, consecutivos ou não.

Vale destacar que o trabalho temporário não se confunde com o contrato de experiência – este previsto na CLT. Além disso, caso o contrato temporário não cumpra os requisitos previstos na lei, o trabalhador será considerado empregado do próprio tomador de serviços.

O trabalho temporário também não se confunde com o contrato de trabalho por tempo determinado, pois este não é intermediado por uma empresa de trabalho temporário.

c) o brasileiro ou o estrangeiro domiciliado e contratado no Brasil para trabalhar como empregado em sucursal ou agência de empresa nacional no exterior; (Brasil, 1991b)

São duas as condições para caracterização do vínculo junto ao RGPS: (1) que a contratação tenha sido feita no Brasil e (2) que o trabalho como empregado seja feito no exterior em sucursal ou em agência de empresa nacional. Por exemplo, a pessoa que trabalha em uma agência do Banco do Brasil em outro país.

> d) aquele que presta serviço no Brasil a missão diplomática ou a repartição consular de carreira estrangeira e a órgãos a elas subordinados, ou a membros dessas missões e repartições, excluídos o não brasileiro sem residência permanente no Brasil e o brasileiro amparado pela legislação previdenciária do país da respectiva missão diplomática ou repartição consular; (Brasil, 1991b)

Para essa definição, podemos citar como exemplo o funcionário brasileiro que presta serviços no Consulado da Suíça em Curitiba, que está vinculado ao RGPS como empregado. Caso seja estrangeiro, deve possuir residência permanente no Brasil.

Do mesmo modo, se o funcionário brasileiro estiver amparado pela legislação previdenciária do país que representa a repartição, não se tratará de segurado obrigatório. É o caso do brasileiro contratado pelo governo dos Estados Unidos, que está vinculado ao regime de previdência daquele país e, assim, não se trata de segurado obrigatório no Brasil.

> e) o brasileiro civil que trabalha para a União, no exterior, em organismos oficiais brasileiros ou internacionais dos quais o

> Brasil seja membro efetivo, ainda que lá domiciliado e contratado, salvo se segurado na forma da legislação vigente do país do domicílio; (Brasil, 1991b)

É a situação do brasileiro que trabalha para a União fora do país, desde que em organismos nacionais ou internacionais e contanto que o Brasil seja membro efetivo. Porém, o trabalhador deixará de ser segurado obrigatório se estiver amparado pela legislação do país de domicílio. A definição da condição de segurado, nesses casos, depende da análise de cada situação em concreto.

> f) o brasileiro ou estrangeiro domiciliado e contratado no Brasil para trabalhar como empregado em empresa domiciliada no exterior, cuja maioria do capital votante pertença a empresa brasileira de capital nacional;
>
> g) o servidor público ocupante de cargo em comissão, sem vínculo efetivo com a União, Autarquias, inclusive em regime especial, e Fundações Públicas Federais. (Brasil, 1991b)
>
> h) o exercente de mandato eletivo federal, estadual ou municipal, desde que não vinculado a regime próprio de previdência social;
>
> i) o empregado de organismo oficial internacional ou estrangeiro em funcionamento no Brasil, salvo quando coberto por regime próprio de previdência social;
>
> j) o exercente de mandato eletivo federal, estadual ou municipal, desde que não vinculado a regime próprio de previdência social; (Brasil, 1991b)

Voltamos à questão do exercente de mandato eletivo.

A alínea "h" da citação anterior foi incluída por meio da Lei n. 9.506, de 30 de outubro de 1997 (Brasil, 1997), tendo reconhecida pelo STF sua inconstitucionalidade formal por inobservância da via legislativa apropriada. Seria necessária a publicação de uma lei complementar para a criação de fonte nova de custeio, conforme exigência do art. 195, parágrafo 4º, combinado com o art. 154, inciso I, da Constituição Federal (Brasil, 1988).

Esse inciso foi declarado inconstitucional pelo Supremo Tribunal Federal (STF) e posteriormente reincluído por meio da Lei n. 10.887, de 18 de junho de 2004 (Brasil, 2004), na alínea "j". Trataremos desse tema na sequência.

Posteriormente, a Emenda Constitucional n. 20, de 15 de dezembro de 1998 (Brasil, 1998), acrescentou à alínea "a" do inciso I do art. 195 da Constituição Federal o trecho "e demais rendimentos do trabalho pagos ou creditados, a qualquer título, à pessoa física que lhe preste serviço, mesmo sem vínculo empregatício" (Brasil, 1998).

Evidentemente, essa modificação após a inclusão da alínea "h" não a tornou constitucional de modo superveniente. Contudo, por meio da Lei 10.887/2004 foi instituída, agora sim – a alínea "j" aqui tratada. O STF foi provocado a avaliar a constitucionalidade da alteração, decidindo a questão no Tema 691:

> Incide contribuição previdenciária sobre os rendimentos pagos aos exercentes de mandato eletivo, decorrentes da prestação de serviços à União, a Estados e ao Distrito Federal ou a

Municípios, após o advento da Lei nº 10.887/2004, desde que não vinculados a regime próprio de previdência.

O principal fundamento do STF foi o de que, a partir da Emenda Constitucional n. 20/1998, havia autorização constitucional para estabelecer a referida contribuição. Considerou-se ainda que o exercente de mandato eletivo, na condição de agente político, também se trata de servidor público, cujo regime é de contratação temporária, incidindo sobre ele, portanto a regra do art. 40, parágrafo 13, da Constituição Federal, no sentido de que o RGPS seria aplicável ao detentor de cargo em comissão ou temporário.

Por fim, a Reforma da Previdência incluiu expressamente no referido parágrafo 13, art. 40, da Constituição Federal, o exercente de mandato eletivo, submetendo-o ao RGPS, a não ser que já esteja vinculado a Regime Próprio de Previdência Social (RPPS), conforme art. 38, inciso V, da Constituição Federal, regra também incluída pela Reforma da Previdência.

4.5.1.2
Empregado doméstico

O empregado doméstico, nos termos do art. 1º da Lei Complementar n. 150, de 1º de junho de 2015 (Brasil, 2015c), é todo "aquele que presta serviços de forma contínua, subordinada, onerosa e pessoal e de finalidade não lucrativa à pessoa ou à família, no âmbito residencial" Trata-se de segurado obrigatório da previdência social.

O empregado doméstico sempre teve um tratamento diferenciado e mais precário em relação aos demais trabalhadores. Com a promulgação da Emenda Constitucional n. 72, de 2 de abril de 2013 (Brasil, 2013a), que alterou a redação do parágrafo único do art. 7º da Constituição Federal, essa categoria de trabalhadores teve seus direitos ampliados e equiparados aos demais trabalhadores urbanos e rurais, alcançando igualmente os efeitos previdenciários decorrentes.

A Lei Complementar n. 150/2015, o *Estatuto do Empregado Doméstico*, foi mais uma conquista dessa categoria no sentido de obtenção de um regime jurídico similar ao dos demais trabalhadores. Porém, no plano da realidade, o fato é que o número de empregos formais para empregados domésticos diminuiu (Gavras, 2019). Trata-se de um difícil equilíbrio, portanto.

A Lei Complementar n. 150/2015 estabelece que será considerado empregado doméstico aquele que trabalhar mais de dois dias por semana. É vedada a contratação de menor de 18 anos, conforme estabelece a Convenção n. 182, da Organização Internacional do Trabalho (OIT, 2000).

Entendemos que o art. 36 da Lei n. 8.213/1991 encontra-se revogado tacitamente, na medida em que não cabe ao empregado doméstico demonstrar o efetivo recolhimento das contribuições, tratando-se de obrigação do empregador. Vejamos a redação da Lei n. 8.213/1991:

Art. 36. Para o segurado empregado doméstico que, tendo satisfeito as condições exigidas para a concessão do benefício requerido, não comprovar o efetivo recolhimento das contribuições devidas, será concedido o benefício de valor mínimo, devendo sua renda ser recalculada quando da apresentação da prova do recolhimento das contribuições. (Brasil, 1991b)

Destacamos que, se o empregado doméstico comprovar que recebia valor superior ao mínimo, o salário de contribuição será o equivalente ao que efetivamente recebia, independentemente da comprovação do recolhimento da respectiva contribuição. Aplica-se ao empregado doméstico, como a todos os demais, o art. 35 da Lei n. 8.213/1991:

Art. 35. Ao segurado empregado, inclusive o doméstico, e ao trabalhador avulso que tenham cumprido todas as condições para a concessão do benefício pleiteado, mas não possam comprovar o valor de seus salários de contribuição no período básico de cálculo, será concedido o benefício de valor mínimo, devendo esta renda ser recalculada quando da apresentação de prova dos salários de contribuição. (Brasil, 1991b)

Cabe citar, ainda, a decisão da TNU, no Tema 29, no sentido de afirmar que o recolhimento tardio das contribuições a cargo do empregador não implica prejuízo à empregada doméstica. "O recolhimento tardio de contribuições a cargo do empregador não implica prejuízo de ordem previdenciária à segurada empregada doméstica".

4.5.1.3
Contribuinte individual

Passemos agora à figura do contribuinte individual, que basicamente se distingue do empregado por exercer a atividade por conta própria. É importante ressaltar logo de início que há um tratamento diverso entre o contribuinte individual que presta serviços a pessoas físicas e aquele que presta serviços a pessoas jurídicas. Neste último caso, como veremos, a obrigação pelo recolhimento das contribuições é da própria empresa, o que, lá na frente, pode gerar toda a diferença.

Devemos notar que o antigo autônomo está enquadrado agora como contribuinte individual. Vamos às hipóteses previstas na Lei n. 8.213/1991 a respeito de quem são os contribuintes individuais.

Produtor rural acima de quatro módulos fiscais e pescador que contrata empregados

Em primeiro lugar, considera-se contribuinte individual a pessoa que explora atividade agropecuária acima de quatro módulos fiscais ou que contrata empregados. Incluem-se nessa categoria as pessoas que desenvolvem atividade pesqueira com auxílio de empregados ou por intermédio de prepostos.

Essa categoria se distingue do segurado especial (a ser estudado na sequência) e muitas são as discussões judiciais envolvendo a caracterização do produtor rural como contribuinte individual ou segurado especial.

O módulo fiscal mencionado ("Em primeiro lugar, considera-se contribuinte individual a pessoa que explora atividade agropecuária acima de quatro módulos fiscais ou que contrata empregados"), nos termos da Lei n. 4.504, de 30 de novembro de 1964 (Brasil, 1964), com redação atualizada pela Lei n. 6.746, de 10 de dezembro de 1979 (Brasil, 1979), é uma unidade de medida expressa em hectares, cuja função é indicar o tamanho mínimo de uma propriedade rural que garanta o sustento de uma família que exerce atividade agrária no município. O módulo fiscal varia conforme a região, devendo ser objeto de pesquisa em cada localidade.

Um detalhe importante: a regra dos quatro módulos fiscais não é absoluta. Isso porque o agricultor pode não explorar a integralidade do terreno, por ele ser considerado imprestável para agricultura pecuária ou para a exploração florestal.

Vejamos a decisão da TNU, Súmula 30, no sentido do caráter não absoluto do módulo fiscal:

> PEDIDO DE UNIFORMIZAÇÃO DO INSS. PREVIDENCIÁRIO. O FATO DE O IMÓVEL SER SUPERIOR AO MÓDULO RURAL NÃO AFASTA, POR SI SÓ, A QUALIFICAÇÃO DE SEU PROPRIETÁRIO COMO SEGURADO ESPECIAL, DESDE QUE RESTE COMPROVADA, NOS AUTOS, A SUA EXPLORAÇÃO EM REGIME DE ECONOMIA FAMILIAR. JURISPRUDÊNCIA DOMINANTE DESTA TURMA NACIONAL, RATIFICADA NOS TERMOS

DO ENUNCIADO DA SÚMULA N.º 30. APLICABILIDADE DA ORIENTAÇÃO APÓS A LEI 11.718/08. DE 2008. QUESTÃO DE ORDEM 13. NÃO CONHECIDO. (TNU. PEDILEF n. 5003409-81.2014.4.04.7105/RS. Relatora: Juíza Federal Carmen Elizangela Dias Moreira de Resende. DJ: 22/11/2017, DP: 04/12/2017).

Nos termos do art. 11, parágrafo 11, da Lei n. 8.213/1991, "Aplica-se o disposto na alínea *a* do inciso V do caput deste artigo ao cônjuge ou companheiro do produtor que participe da atividade rural por este explorada". Assim, não só o produtor propriamente dito, mas o cônjuge e o companheiro que participam da produção também serão considerados contribuintes individuais.

Garimpeiro

Também é considerada contribuinte individual a pessoa física, proprietária ou não, que explora atividade de extração mineral, ou seja, garimpo. Aqui temos outra grande polêmica inaugurada após a Reforma da Previdência.

O garimpeiro, por ocasião da edição da Lei de Custeio (Lei n. 8.212/1991) e da Lei de Benefícios (Lei n. 8.213/1991) era considerado segurado especial. Porém, logo na sequência, em 1992, por uma mudança ocorrida na Lei de Custeio, o garimpeiro deixou de ser segurado especial, passando a se enquadrar como contribuinte individual.

Ocorre que a Reforma da Previdência (Emenda Constitucional n. 103/2019) reincluiu a figura do garimpeiro como segurado especial e o fez no próprio texto constitucional. Vejamos o art. 201 da Constituição Federal:

> § 7º É assegurada aposentadoria no regime geral de previdência social, nos termos da lei, obedecidas as seguintes condições:
>
> [...]
>
> II – 60 (sessenta) anos de idade, se homem, e 55 (cinquenta e cinco) anos de idade, se mulher, para os trabalhadores rurais e para os que exerçam suas atividades em regime de economia familiar, nestes incluídos o produtor rural, o garimpeiro e o pescador artesanal. (Brasil, 1988)

Porém, isso gerou a seguinte dúvida: a partir da Reforma da Previdência, criou-se a necessidade de mudança na Lei n. 8.213/1991 para fins de inclusão do garimpeiro como segurado especial ou ele continua como contribuinte individual?

Acreditamos que, sem sombra de dúvidas, a partir da Reforma da Previdência, o garimpeiro foi novamente alçado à condição de segurado especial, não havendo necessidade de mudança legislativa. O art. 11, inciso V, alínea "c", da Lei n. 8.213/1991 nesse particular aspecto, encontra-se tacitamente revogado.

Autônomo

Também são considerados contribuintes individuais os autônomos, assim descritos na Lei n. 8.213/1991, conforme inciso V, do art. 11, alíneas "g" e "h", *in verbis*:

> g) quem presta serviço de natureza urbana ou rural, em caráter eventual, a uma ou mais empresas, sem relação de emprego;
>
> h) a pessoa física que exerce, por conta própria, atividade econômica de natureza urbana, com fins lucrativos ou não; (Brasil, 1991b)

Outros contribuintes individuais

A par do rol estabelecido em lei, o próprio Decreto n. 3.048/1999 identificou outras atividades das quais o trabalhador pode ser qualificado como contribuinte individual. A bem da verdade, contribuinte individual é uma espécie subsidiária de segurado, sendo assim tratado todo aquele que exerce atividade profissional não condizente com as demais espécies.

Trabalhadores avulsos

Nos termos do Decreto n. 3.048/1999, art. 9º, inciso VI, trabalhador avulso é aquele que:

> a) sindicalizado ou não, presta serviço de natureza urbana ou rural, a diversas empresas, [...] sem vínculo empregatício, com intermediação obrigatória do órgão gestor de mão de obra,

nos termos da Lei nº 8.630/1993, ou do sindicato da categoria, assim considerados:

1. o trabalhador que exerce atividade portuária de capatazia, estiva, conferência e conserto de carga, vigilância de embarcação e bloco;
2. o trabalhador de estiva de mercadorias de qualquer natureza, inclusive carvão e minério;
3. o trabalhador em alvarenga (embarcação para carga e descarga de navios);
4. o amarrador de embarcação;
5. o ensacador de café, cacau, sal e similares;
6. o trabalhador na indústria de extração de sal;
7. o carregador de bagagem em porto;
8. o prático de barra em porto;
9. o guindasteiro; e
10. o classificador, o movimentador e o empacotador de mercadorias em portos; (Brasil, 1999)

4.5.1.4
Segurados especiais

A previsão legal para o segurados especiais encontra-se no art. 11, inciso VII, parágrafos 1º e 6º ao 12, da Lei n. 8.213/1991:

> VII – como segurado especial: a pessoa física residente no imóvel rural ou em aglomerado urbano ou rural próximo a ele que, individualmente ou em regime de economia familiar, ainda que com o auxílio eventual de terceiros, na condição de:

a) produtor, seja proprietário, usufrutuário, possuidor, assentado, parceiro ou meeiro outorgados, comodatário ou arrendatário rurais, que explore atividade:

1. agropecuária em área de até 4 (quatro) módulos fiscais;

2. de seringueiro ou extrativista vegetal que exerça suas atividades nos termos do inciso XII do caput do art. 2º da Lei nº 9.985, de 18 de julho de 2000, e faça dessas atividades o principal meio de vida;

b) pescador artesanal ou a este assemelhado que faça da pesca profissão habitual ou principal meio de vida; e

c) cônjuge ou companheiro, bem como filho maior de 16 (dezesseis) anos de idade ou a este equiparado, do segurado de que tratam as alíneas a e b deste inciso, que, comprovadamente, trabalhem com o grupo familiar respectivo. (Brasil, 1991b)

O conceito de regime de economia familiar apresenta a mais alta importância em se tratando da caracterização da condição de segurado especial. Vejamos o disposto no art. 11, parágrafos 1º, 6º e 7º, da Lei n. 8.213/1991:

§ 1º Entende-se como regime de economia familiar a atividade em que o trabalho dos membros da família é indispensável à própria subsistência e ao desenvolvimento socioeconômico do núcleo familiar e é exercido em condições de mútua dependência e colaboração, sem a utilização de empregados permanentes.

[...]

§ 6º Para serem considerados segurados especiais, o cônjuge ou companheiro e os filhos maiores de 16 (dezesseis) anos ou os a estes equiparados deverão ter participação ativa nas atividades rurais do grupo familiar.

§ 7º O grupo familiar poderá utilizar-se de empregados contratados por prazo determinado ou de trabalhador de que trata a alínea g do inciso V do caput, à razão de no máximo 120 (cento e vinte) pessoas por dia no ano civil, em períodos corridos ou intercalados ou, ainda, por tempo equivalente em horas de trabalho, não sendo computado nesse prazo o período de afastamento em decorrência da percepção de auxílio-doença. (Brasil, 1991b)

Nos termos do art. 11, inciso VII, parágrafo 8º, da Lei n. 8.213/1991, não descaracteriza a condição de segurado especial:

> I – a outorga, por meio de contrato escrito de parceria, meação ou comodato, de até 50% (cinquenta por cento) de imóvel rural cuja área total não seja superior a 4 (quatro) módulos fiscais, desde que outorgante e outorgado continuem a exercer a respectiva atividade, individualmente ou em regime de economia familiar;
>
> II – a exploração da atividade turística da propriedade rural, inclusive com hospedagem, por não mais de 120 (cento e vinte) dias ao ano;
>
> III – a participação em plano de previdência complementar instituído por entidade classista a que seja associado em razão da condição de trabalhador rural ou de produtor rural em regime de economia familiar;

IV – ser beneficiário ou fazer parte de grupo familiar que tem algum componente que seja beneficiário de programa assistencial oficial de governo

V – a utilização pelo próprio grupo familiar, na exploração da atividade, de processo de beneficiamento ou industrialização artesanal, na forma do § 11 do art. 25 da Lei nº 8.212, de 24 de julho de 1991; e

VI – a associação em cooperativa agropecuária ou de crédito rural; e

VII – a incidência do Imposto Sobre Produtos Industrializados – IPI sobre o produto das atividades desenvolvidas nos termos do § 12. (Brasil, 1991b)

Ademais, nos termos do parágrafo 9º do art. 11 da Lei n. 8.213/1991, não é segurado especial o membro de grupo familiar que possuir outra fonte de rendimento, exceto se decorrente de:

I – benefício de pensão por morte, auxílio-acidente ou auxílio-reclusão, cujo valor não supere o do menor benefício de prestação continuada da Previdência Socia; e

II – benefício previdenciário pela participação em plano de previdência complementar instituído nos termos do inciso IV do § 8º deste artigo;

III – exercício de atividade remunerada em período não superior a 120 (cento e vinte) dias, corridos ou intercalados, no ano civil, observado o disposto no §13 do art. 12, da Lei 8.212/91; e

IV – exercício de mandato eletivo de dirigente sindical de organização da categoria de trabalhadores rurais;

V – exercício de mandato de vereador do Município em que desenvolve a atividade rural ou de dirigente de cooperativa rural constituída, exclusivamente, por segurados especiais, observado o disposto no § 13 do art. 12 da Lei nº 8.212, de 24 de julho de 1991;

VI – parceria ou meação outorgada na forma e condições estabelecidas no inciso I do § 8º deste artigo;

VII – atividade artesanal desenvolvida com matéria-prima produzida pelo respectivo grupo familiar, podendo ser utilizada matéria-prima de outra origem, desde que a renda mensal obtida na atividade não exceda ao menor benefício de prestação continuada da Previdência Social;

VIII – atividade artística, desde que em valor mensal inferior ao menor benefício de prestação continuada da Previdência Social. (Brasil, 1991b)

O indígena também foi contemplado como segurado especial, ainda que venha a exercer atividades na cidade, desde que relacionadas a seu meio de vida. É interessante que a própria Instrução Normativa n. 77/2015 prevê essa hipótese no art. 39.

§ 4º Enquadra-se como segurado especial o indígena reconhecido pela Fundação Nacional do Índio – FUNAI, inclusive o artesão que utilize matéria-prima proveniente de extrativismo vegetal,desde que atendidos os demais requisitos constantes no inciso V do art. 42, independentemente do local onde resida ou exerça suas atividades,sendo irrelevante a definição de indígena aldeado, não-aldeado,em vias de integração, isolado ou integrado, desde que exerçaa atividade rural individualmente ou em regime de economia familiare faça dessas atividades o principal meio de vida e de sustento. (Brasil, 2015)

Ainda é comum, principalmente quando se trata da comprovação do labor rural anterior à decada de 1980, que as informações constantes do cadastro do Instituto Nacional de Colonização e Reforma Agrária (Incra) revelem se tratar de "Empregador II-B e II-C". Todavia, essa informação é imprecisa e se referia fundamentalmente ao próprio grupo familiar. O INSS, na Instrução Normativa n. 77/2015, art. 40, reconheceu igualmente essa situação, que ainda não é adotada por todos os juízes. Confira a seguir:

> § 3º O produtor rural sem empregados, classificado como IIB e II-C, inscrito no órgão competente em função do módulo ruralpelo art. 2º do Decreto nº 77.514, de 29 de abril de 1976, alíneas "b"e "c" em sua redação primitiva, com a redação dada pelo Decreto nº 83.924, de 30 de agosto de 1979 passou a condição de trabalhadorrural (atualmente segurado especial) desde que tenha exercido a atividade individualmente ou em regime de economia familiar. (Brasil, 2015)

O segurado especial pode participar de sociedade, com algumas condicionantes, conforme o art. 11, parágrafo 12, da Lei n. 8.213/1991:

§ 12. A participação do segurado especial em sociedade empresária, em sociedade simples, como empresário individual ou como titular de empresa individual de responsabilidade limitada de objeto ou âmbito agrícola, agroindustrial ou agroturístico, considerada microempresa nos termos da Lei Complementar nº 123, de 14 de dezembro de 2006, não o exclui de tal categoria previdenciária, desde que, mantido o exercício da sua atividade rural na forma do inciso VII do caput e do § 1º, a pessoa jurídica componha-se apenas de segurados de igual natureza e sedie-se no mesmo Município ou em Município limítrofe àquele em que eles desenvolvam suas atividades. (Brasil, 1991b)

A Lei n. 8.213/1991 ainda estabelece os momentos em que o trabalhador deixará de ser considerada segurado especial, conforme previsão do parágrafo 10 do art. 11:

§ 10. O segurado especial fica excluído dessa categoria:

I – a contar do primeiro dia do mês em que:

a) deixar de satisfazer as condições estabelecidas no inciso VII do caput deste artigo, sem prejuízo do disposto no art. 15 desta Lei, ou exceder qualquer dos limites estabelecidos no inciso I do § 8º deste artigo;

b) enquadrar-se em qualquer outra categoria de segurado obrigatório do Regime Geral de Previdência Social, ressalvado o disposto nos incisos III, V, VII e VIII do § 9º e no § 12, sem prejuízo do disposto no art. 15

c) tornar-se segurado obrigatório de outro regime previdenciário; e

d) participar de sociedade empresária, de sociedade simples, como empresário individual ou como titular de empresa individual de responsabilidade limitada em desacordo com as limitações impostas pelo § 12;

II – a contar do primeiro dia do mês subseqüente ao da ocorrência, quando o grupo familiar a que pertence exceder o limite de:

a) utilização de terceiros na exploração da atividade a que se refere o § 7º deste artigo;

b) dias em atividade remunerada estabelecidos no inciso III do § 9º deste artigo; e

c) dias de hospedagem a que se refere o inciso II do § 8º deste artigo.

— 4.5.2 —
Segurados facultativos

Nos termos do art. 13 da Lei n. 8.213/1991, é segurado facultativo "o maior de 14 (quatorze) anos que se filiar ao RGPS, mediante contribuição, desde que não incluído nas disposições do art. 11" (Brasil, 1991b).

Há polêmica sobre a possibilidade de o menor de idade entre 14 e 16 contribuir como facultativo, dada a proibição de trabalho aos menores de 16 anos conferida pela Emenda Constitucional n. 20/1998.

O Decreto n. 3.048/1999, a seu turno, estabelece que segurado facultativo é o maior de dezesseis anos de idade que se filiar ao RGPS, mediante contribuição, na forma do art. 199, desde que não esteja exercendo atividade remunerada que o enquadre como segurado obrigatório da previdência social.

Nesse contexto, nos termos do art. 11, parágrafo 1º, do Decreto n. 3.048/1999, podem filiar-se facultativamente, entre outros:

> I – aquele que se dedique exclusivamente ao trabalho doméstico no âmbito de sua residência;
>
> II – o síndico de condomínio, quando não remunerado;
>
> III – o estudante;
>
> IV – o brasileiro que acompanha cônjuge que presta serviço no exterior;
>
> V – aquele que deixou de ser segurado obrigatório da previdência social;
>
> VI – o membro de conselho tutelar de que trata o art. 132 da Lei nº 8.069, de 13 de julho de 1990, quando não esteja vinculado a qualquer regime de previdência social;
>
> VII – o bolsista e o estagiário que prestam serviços a empresa de acordo com a Lei nº 6.494, de 1977;
>
> VIII – o bolsista que se dedique em tempo integral a pesquisa, curso de especialização, pós-graduação, mestrado ou doutorado, no Brasil ou no exterior, desde que não esteja vinculado a qualquer regime de previdência social;

IX – o presidiário que não exerce atividade remunerada nem esteja vinculado a qualquer regime de previdência social;

X – o brasileiro residente ou domiciliado no exterior;

XI – o segurado recolhido à prisão sob regime fechado ou semiaberto, que, nesta condição, preste serviço, dentro ou fora da unidade penal, a uma ou mais empresas, com ou sem intermediação da organização carcerária ou entidade afim, ou que exerce atividade artesanal por conta própria.

XII – o atleta beneficiário da Bolsa-Atleta não filiado a regime próprio de previdência social ou não enquadrado em uma das hipóteses previstas no art. 9º. (Brasil, 1999)

É importante destacar que é vedada a filiação ao RGPS, na qualidade de segurado facultativo, de pessoa participante de RPPS, salvo na hipótese de afastamento sem vencimento e desde que não seja permitida, nesta condição, contribuição ao respectivo RPPS.

— 4.6 —
Inscrição e filiação

Não é possível falar em acesso a benefícios previdenciários sem que a pessoa esteja filiada a algum sistema. *Filiação*, contudo, não se confunde com *inscrição*; são conceitos distintos, que analisaremos a seguir.

— 4.6.1 —
Inscrição

A filiação e a inscrição são temas disciplinados pelo Decreto n. 3.048/1999.

Segundo seu art. 18, *inscrição* é o "ato pelo qual o segurado é cadastrado no RGPS, por meio da comprovação dos dados pessoais" (Brasil, 1999) e de outros elementos necessários e úteis a sua caracterização.

Para o empregado, a inscrição é feita pelo empregador, por meio da formalização do contrato de trabalho e do registro contratual no eSocial[1] (2021), desde o momento em que seu uso se tornou obrigatório – a partir do Decreto n. 8.373, de 11 de dezembro de 2014 (Brasil, 2014a).

No caso do trabalhador avulso, a inscrição é feita por meio do cadastramento e do registro no órgão gestor de mão de obra, no caso de trabalhador portuário, ou no sindicato, no caso do trabalhador não portuário, e do registro eletrônico no eSocial.

Para o empregado doméstico, a inscrição é efetivada por meio do registro eletrônico realizado no eSocial pelo empregador.

Para o contribuinte individual, o Decreto n. 3.048/1999, art. 18, inciso IV, prevê que a inscrição será realizada da seguinte forma:

---

1 O eSocial é um sistema informatizado da Administração Pública voltado para os recolhimentos tributários do empregador doméstico, do segurado especial e do microempreendedor individual (MEI) na modalidade simplificada.

a) por ato próprio, por meio do cadastramento de informações para identificação e reconhecimento da atividade, hipótese em que o Instituto Nacional do Seguro Social – INSS poderá solicitar a apresentação de documento que comprove o exercício da atividade declarada;

b) pela cooperativa de trabalho ou pela pessoa jurídica a quem preste serviço, no caso de cooperados ou contratados, respectivamente, se ainda não inscritos no RGPS; e

c) pelo MEI, por meio do sítio eletrônico do Portal do Empreendedor; (Brasil, 1999)

No caso do segurado especial, a inscrição deve ocorrer, preferencialmente, pelo titular do grupo familiar, hipótese em que o INSS poderá solicitar a apresentação de documento que comprove o exercício da atividade declarada. A inscrição será feita de modo a vinculá-lo ao respectivo grupo familiar e conterá, além das informações pessoais, a identificação da propriedade em que desenvolve a atividade e a que título (arrendatário, comodatário etc), se nela reside ou o município onde reside e, quando for o caso, a identificação e a inscrição da pessoa responsável pelo grupo familiar.

Quanto ao segurado especial, a inscrição é realizada de forma a vinculá-lo ao respectivo grupo familiar e contem, além das informações pessoais, a identificação da propriedade em que ele desenvolve a atividade e a que título, se nela reside ou o município onde reside e, quando for o caso, a identificação e a inscrição da pessoa responsável pelo grupo familiar.

Inscrição *post mortem*

Nos termos do art. 17, parágrafo 7º, da Lei n. 8.213/1991, "não será admitida a inscrição *post mortem* de segurado contribuinte individual e de segurado facultativo". Admite-se a possibilidade de regularização da situação do segurado especial dada a notória informalidade da atividade.

Com a Reforma da Previdência, houve uma mudança importante em relação ao tema. Todos os trabalhadores devem efetuar o recolhimento das contribuições previdenciárias em proporção equivalente, pelo menos, ao salário mínimo. Vejamos a propósito, o art. 195, parágrafo 14, da Constituição Federal

> O segurado somente terá reconhecida como tempo de contribuição ao Regime Geral de Previdência Social a competência cuja contribuição seja igual ou superior à contribuição mínima mensal exigida para sua categoria, assegurado o agrupamento de contribuições. (Brasil, 1988)

Para o segurado facultativo, a inscrição deve ser realizada por ato próprio, por meio do cadastramento de informações pessoais que permitam a identificação do trabalhador, desde que não exerça atividade que o enquadre na categoria de segurado obrigatório.

Idade mínima para inscrição

O Decreto n. 3.048/1999 estabelece que será possível a inscrição do segurado em qualquer uma das categorias apenas se for atingida a idade mínima de 16 anos. A Lei n. 8.213/1991 fala em 14 anos, mas o Decreto n. 3.048/1999 foi atualizado de acordo com a Constituição Federal, art. 7º, inciso XXXIII, indicando que, a partir da Emenda Constitucional n. 20/1998, passou a autorizar o exercício de atividade laboral apenas para o menor com idade de 16 anos ou mais.

Concomitância de atividades

Nos termos do art. 11, parágrafo 2º, da Lei n. 8.213/1991, "todo aquele que exercer, concomitantemente, mais de uma atividade remunerada sujeita ao Regime Geral de Previdência Social é obrigatoriamente filiado em relação a cada uma delas."

— 4.6.2 —
Filiação

Nos termos do art. 3º da Instrução Normativa n. 77/2015, do Ministério da Previdência e do INSS, a "Filiação é o vínculo que se estabelece entre pessoas que contribuem para a Previdência Social e esta, do qual decorrem direitos e obrigações".

Nesse sentido, todo aquele que exerce atividade remunerada é considerado filiado à previdência social. Não significa, porém, que terá acesso aos benefícios.

Não é permitida a filiação a um RGPS, na qualidade de segurado facultativo, de pessoa participante de RPPS. A única exceção ocorre na hipótese de que o servidor público esteja afastado sem vencimentos, ou seja, sem receber qualquer remuneração, e desde que o respectivo RPPS não permita que o trabalhador efetue recolhimentos por conta própria a esse mesmo regime.

— 4.7 —
Manutenção e perda da qualidade de segurado

Um dos pontos centrais do sistema de proteção social previdenciário é a necessidade de vinculação regular por meio do pagamento das respectivas contribuições em dia. Contudo, o próprio sistema admite algumas exceções, permitindo o acesso aos benefícios previdenciários ainda que o pagamento das contribuições não esteja totalmente regularizado. Trata-se de uma válvula de escape para situações extraordinárias e imprevistas. É o que passaremos a estudar agora.

— 4.7.1 —
Regra geral do período de graça

Temas importantes relacionados aos benefícios previdenciários são o da manutenção e o da perda da qualidade de segurado.

Pode ocorrer de o segurado ficar desempregado ou não conseguir efetuar os devidos recolhimentos para a previdência social. Nessa situação, para não ser completamente desligado do sistema, o que seria injusto, a legislação prevê hipóteses de manutenção da qualidade de segurado por um certo período, a depender do caso, no qual a pessoa ainda terá acesso aos benefícios. Esse período é o chamado *período de graça*.

Conforme art. 15 da Lei n. 8.213/1991, o indivíduo mantém a qualidade de segurado, independentemente de contribuições:

> I – sem limite de prazo, quem está em gozo de benefício, exceto do auxílio-acidente;
>
> II – até 12 (doze) meses após a cessação das contribuições, o segurado que deixar de exercer atividade remunerada abrangida pela Previdência Social ou estiver suspenso ou licenciado sem remuneração;
>
> III – até 12 (doze) meses após cessar a segregação, o segurado acometido de doença de segregação compulsória;
>
> IV – até 12 (doze) meses após o livramento, o segurado retido ou recluso;
>
> V – até 3 (três) meses após o licenciamento, o segurado incorporado às Forças Armadas para prestar serviço militar;
>
> VI – até 6 (seis) meses após a cessação das contribuições, o segurado facultativo. (Brasil, 1991b)

É importante assinalar que a perda da qualidade de segurado importa em caducidade dos direitos inerentes a essa qualidade, mas não prejudica o direito adquirido à aposentadoria caso a pessoa tenha preenchido todos os requisitos para sua obtenção, conforme legislação prevista na época.

— 4.7.2 —
Prorrogação do período de graça em caso de mais de 120 contribuições ininterruptas

Apenas para a hipótese mencionada no inciso II da citação anterior, ou seja, no caso de desemprego ou de o segurado deixar de recolher para a previdência, será possível prorrogar o período de graça por mais 12 meses, totalizando 24 meses, se o segurado tiver pago mais de 120 (cento e vinte) contribuições mensais sem interrupção que acarrete a perda da qualidade de segurado, conforme parágrafo 1º do art. 15 da Lei n. 8.213/1991.

Em outras palavras, se na vida laboral o trabalhador conseguiu recolher mais de 120 contribuições sem perder a qualidade de segurado, ele terá garantida a prorrogação do período de graça por mais 12 meses, além dos 12 meses já garantidos no *caput* do art. 15 da Lei n. 8.213/1991.

Recentemente, inclusive, a TNU dos Juizados Especiais Federais decidiu que o direito à extensão do período de graça é incorporado ao patrimônio jurídico do segurado e pode ser utilizado sempre. Vejamos o Tema 255 da TNU, julgado em 16 de outubro de 2020:

> O pagamento de mais de 120 (cento e vinte) contribuições mensais, sem interrupção que acarrete a perda da qualidade de segurado, garante o direito à prorrogação do período de graça, previsto no parágrafo 1º, do art. 15 da Lei 8.213/91, mesmo nas filiações posteriores àquela na qual a exigência foi preenchida, independentemente do número de vezes em que foi exercido.

— 4.7.3 —
Prorrogação do período de graça em caso de desemprego involuntário

Além da prorrogação prevista no trecho anterior, ainda existe uma segunda causa de prorrogação, prevista no parágrafo 2º do art. 15 da Lei n. 8.213/1991, que poderá estender o período de graça por mais 12 meses. Trata-se da situação do segurado que comprove essa situação pelo registro no órgão próprio do Ministério do Trabalho e da Previdência Social (atualmente Secretaria do Trabalho do Ministério da Economia).

Assim, o período de graça pode chegar até a 36 meses, caso estejam presentes as causas dos parágrafos 1º e 2º do art. 15 da Lei n. 8.213/1991.

Vale destacar que o termo *involuntário* não se encontra na Lei n. 8.213/1991, mas na Constituição Federal. Essa condição poderá fazer grande diferença no caso concreto, em especial se for constatado que a pessoa saiu do emprego porque quis e não buscou nova colocação no mercado.

— 4.7.4 —
Regra de contagem do período de graça

A regra de contagem do período de graça se encontra no parágrafo 4º do art. 15 da Lei n. 8.213/1991. Segundo a norma, a perda da qualidade de segurado ocorrerá no dia seguinte ao do término do prazo para recolhimento da respectiva contribuição previdenciária referente ao mês imediatamente posterior ao do final dos prazos fixados.

Nos termos do art. 30 da Lei n. 8.212/1991, a Lei de Custeio da previdência social, o empregador tem até o dia 20 do mês seguinte ao do trabalho realizado para efetuar o recolhimento das contribuições do empregado e a respectiva cota patronal. Do mesmo modo, quando se trata de contribuinte individual que presta serviços à empresa, esta deverá efetuar o recolhimento da respectiva contribuição até o dia 20 do mês seguinte ao do labor.

Em relação aos contribuintes individuais que não prestam serviços a empresas e aos segurados facultativos, o prazo para recolhimento das contribuições se encerra no dia 15 do mês seguinte ao mês trabalhado. Para os empregadores domésticos, o prazo final para recolhimento da sua cota e a do empregado é o dia 7 do mês seguinte ao do labor realizado.

Conforme o regulamento da previdência social (Decreto n. 3.048/1999), o reconhecimento da perda da qualidade de segurado ocorre no dia seguinte ao do vencimento da contribuição do contribuinte individual relativa ao mês imediatamente posterior ao término daqueles prazos fixados na lei. O entendimento que prevalece, assim, é que, se for ultrapassado o 15º dia do mês seguinte ao do encerramento do prazo de período de graça, o trabalhador perde a qualidade de segurado.

Por exemplo, suponhamos um caso em que o vínculo laboral do segurado se encerrou em dezembro de 2019. O prazo de 12 meses se inicia em janeiro de 2020. Considerando-se a inexistência de causas de extensão do período de graça, em dezembro de 2020 haverá o decurso do prazo de 12 meses. Contudo, a perda da qualidade de segurado ocorrerá apenas em 16 de fevereiro de 2021, ou seja, no dia seguinte ao término do prazo para recolhimento das contribuições relativas ao mês seguinte ao do fim do período de graça, ou seja, janeiro de 2021.

— 4.7.5 —
Resumo

Em resumo, a regra geral é a de que a qualidade de segurado perdura por 12 meses após o último recolhimento, intervalo chamado, como vimos, de *período de graça*. A esse período de 12 meses se somam 45 dias, tratando-se do prazo para pagamento da contribuição relativa ao mês seguinte ao transcurso do prazo de 12 meses.

Há duas regras importantes de extensão do período de graça. A primeira é o segurado ter efetuado o recolhimento das contribuições (ou ter se mantido empregado) por mais de 120 meses sem perda de qualidade de segurado. A segunda é a comprovação da situação de desemprego, a qual, nos termos da jurisprudência do STJ, pode ser demonstrada por qualquer meio de prova, inclusive testemunhal.

Assim, para cada uma das situações citadas, o prazo é estendido por 12 meses, de modo que a qualidade de segurado pode ser mantida por 36 meses mais 45 dias.

— 4.8 —
Dependentes

Ao lado dos segurados, os dependentes formam o centro irradiador das normas relativas ao RGPS. Analisaremos agora as particularidades previstas em lei e as principais decisões a respeito do tema.

— 4.8.1 —
Classes

No RGPS, os dependentes estão previstos no art. 16 da Lei n. 8.213/1991 – são os beneficiários da pensão por morte e do auxílio-reclusão.

Conforme redação atual da Lei n. 8.213/1991, são três as classes de dependentes:

> I – o cônjuge, a companheira, o companheiro e o filho não emancipado, de qualquer condição, menor de 21 (vinte e um) anos ou inválido ou que tenha deficiência intelectual ou mental ou deficiência grave;
>
> II – os pais;
>
> III – o irmão não emancipado, de qualquer condição, menor de 21 (vinte e um) anos ou inválido ou que tenha deficiência intelectual ou mental ou deficiência grave; (Brasil, 1991b)

— 4.8.2 —
Exclusão das classes

A primeira regra em relação aos dependentes se refere à exclusão de classes. Nos termos do art. 16, parágrafo 1º, da Lei n. 8.213/1991, as classes citadas no trecho anterior são excludentes: "§ 1º A existência de dependente de qualquer das classes deste artigo exclui do direito às prestações os das classes seguintes" (Brasil, 1991b).

Assim, havendo dependente da classe I, estão excluídos os demais. Presentes apenas dependentes das classes II e III, estes últimos estão excluídos.

Cabe ressaltar que essa verificação é feita no momento do óbito. Se após o óbito do segurado o dependente de classe I falecer, não haverá reversão do benefício para os dependentes das classes II e III.

Até o advento da Lei n. 9.032/1995, havia previsão quanto à possibilidade de designação de dependente menor de 21 ou maior de 60 anos ou inválido, o que seria uma quarta classe, não mais presente em nosso ordenamento jurídico.

— 4.8.3 —
Dependência econômica

Nos termos do parágrafo 4º do art. 16 da Lei n. 8.213/1991, a dependência econômica dos dependentes do inciso I é presumida, e a dos demais deve ser comprovada.

Vale destacar a noção segundo a qual a presunção estabelecida para o inciso I não é absoluta, cabendo prova em sentido contrário. Há entendimento adverso, contudo, no sentido de que tal presunção não deve ser considerada absoluta, diante da possibilidade de o INSS ou um eventual interessado demonstrar a inexistência da relação de dependência econômica.

— 4.8.4 —
Suspensão e exclusão da condição de dependente

Nos termos da Lei n. 8.213/1991, art. 16, parágrafo 7º:

> § 7º Será excluído definitivamente da condição de dependente quem tiver sido condenado criminalmente por sentença com trânsito em julgado, como autor, coautor ou partícipe de homicídio doloso, ou de tentativa desse crime, cometido contra a pessoa do segurado, ressalvados os absolutamente incapazes e os inimputáveis. (Brasil, 1991b)

No mesmo sentido, o art. 74, parágrafo 1º, da Lei n. 8.213/1991, estabelece que

> perde o direito à pensão por morte o condenado criminalmente por sentença com trânsito em julgado, como autor, coautor ou partícipe de homicídio doloso, ou de tentativa desse crime, cometido contra a pessoa do segurado, ressalvados os absolutamente incapazes e os inimputáveis. (Brasil, 1991b)

O art. 77, parágrafo 7º, da mesma lei, por sua vez, dispõe acerca da possibilidade de suspensão provisória de parte no benefício mediante procedimento próprio, com as garantias do devido processo legal, sendo devidas, em caso de absolvição, todas as parcelas não recebidas corrigidas, bem como o restabelecimento imediato do benefício.

E, por fim, o art. 110, parágrafo 2º, da Lei n. 8.213/1991 dispõe, que, nas hipóteses de exclusão da condição de dependente ou de suspensão provisória do benefício, a pessoa "não poderá representar outro dependente para fins de recebimento e percepção do benefício" (Brasil, 1991b).

— 4.8.5 —
Perda da condição de dependente

Nos termos do art. 17 do Decreto n. 3.048, de 6 de maio de 1999, a perda da qualidade de dependente ocorre nas sequintes situações:

> I - para o cônjuge, pelo divórcio ou pela separação judicial ou de fato, enquanto não lhe for assegurada a prestação de alimentos, pela anulação do casamento, pelo óbito ou por sentença judicial transitada em julgado;
>
> II - para a companheira ou companheiro, pela cessação da união estável com o segurado ou segurada, enquanto não lhe for garantida a prestação de alimentos;

III – ao completar vinte e um anos de idade, para o filho, o irmão, o enteado ou o menor tutelado, ou nas seguintes hipóteses, se ocorridas anteriormente a essa idade:

a) casamento;

b) início do exercício de emprego público efetivo

c) constituição de estabelecimento civil ou comercial ou pela existência de relação de emprego, desde que, em função deles, o menor com dezesseis anos completos tenha economia própria; ou

d) concessão de emancipação, pelos pais, ou por um deles na falta do outro, por meio de instrumento público, independentemente de homologação judicial, ou por sentença judicial, ouvido o tutor, se o menor tiver dezesseis anos completos; e

IV – para os dependentes em geral:

a) pela cessação da invalidez ou da deficiência intelectual, mental ou grave; ou

b) pelo falecimento. (Brasil, 1999)

As causas estabelecidas para cessação do benefício em relação aos filhos são as hipóteses de emancipação previstas na legislação civil.

Agora, veremos os aspectos mais importantes relacionados a cada espécie de dependente.

— 4.8.6 —
Cônjuge

Em relação à presunção de dependência do cônjuge, enquanto o casal estiver junto, não há questionamentos: ela é absoluta. O próprio INSS, uma vez apresentada a certidão de casamento, nada questiona.

A grande questão ocorre em relação ao cônjuge separado de fato. Nesse caso, há necessidade de comprovação da dependência econômica. Porém, o INSS não faz essa investigação. Normalmente, a discussão acaba sendo encaminhada para o Poder Judiciário.

Se não há pagamento de pensão mensal ou de outras despesas da casa ou de plano de saúde, entre outros, a tendência é afastar a dependência econômica. Contudo, há a Súmula 336 do STJ: "A mulher que renunciou aos alimentos na separação judicial tem direito à pensão previdenciária por morte do ex-marido, comprovada a necessidade econômica superveniente" (Brasil, 2007).

— 4.8.7 —
Companheiro(a)

Nos termos do regulamento da previdência social, Decreto n. 3.048/1999, considera-se união estável aquela configurada na convivência pública, contínua e duradoura entre pessoas, estabelecida com intenção de constituição de família, observado o disposto no parágrafo 1º do art. 1.723 do Código Civil – Lei n. 10.406, de 10 de janeiro de 2002 (Brasil, 2002).

O referido parágrafo do Código Civil estabelece que não haverá união estável se ocorrerem os impedimentos do art. 1.521, exceção feita à separação de fato ou judicial.

Vejamos a redação do art. 1.521 da Lei n. 10.405/2002:

> Art. 1.521. Não podem casar:
>
> I – os ascendentes com os descendentes, seja o parentesco natural ou civil;
>
> II – os afins em linha reta;
>
> III – o adotante com quem foi cônjuge do adotado e o adotado com quem o foi do adotante;
>
> IV – os irmãos, unilaterais ou bilaterais, e demais colaterais, até o terceiro grau inclusive;
>
> V – o adotado com o filho do adotante;
>
> VI – o cônjuge sobrevivente com o condenado por homicídio ou tentativa de homicídio contra o seu consorte. (Brasil, 2002)

Podemos verificar que a própria definição trazida pelo regulamento da previdência social, conforme art. 16, parágrafo 5º, do Decreto n. 3.048/1999, contempla a união estável homoafetiva.

Uniões estáveis concomitantes

Recentemente, o STF decidiu que não é possível a existência de duas uniões estáveis concomitantes ou de um casamento simultâneo com uma união estável. Vejamos a ementa do Tema 529 do STF:

> A preexistência de casamento ou de união estável de um dos conviventes, ressalvada a exceção do art. 1723, § 1º, do Código Civil, impede o reconhecimento de novo vínculo referente ao mesmo período, inclusive para fins previdenciários, em virtude da consagração do dever de fidelidade e da monogamia pelo ordenamento jurídico-constitucional brasileiro.

No mesmo sentido, já estava decidindo o STJ:

> RECONHECIMENTO DE UNIÃO ESTÁVEL SIMULTÂNEA AO CASAMENTO. Ser casado constitui fato impeditivo para o reconhecimento de uma união estável. Tal óbice só pode ser afastado caso haja separação de fato ou de direito. (Resp 1.096.539-RS, Rel. Min. Luis Felipe Salomão, julgado em 27/3/2012)

Filhos menores de 21 anos não emancipados

O filho menor de 21 anos é presumidamente dependente. Porém, ao se emancipar, perde de forma absoluta o direito ao benefício, ainda que comprove, na prática, a situação de dependência.

Deve-se atentar, como já adiantamos no item anterior, às hipótese de emancipação, nos termos do art. 4º do Código Civil, Lei n. 10.406/2002. Ressaltamos, contudo, que a hipótese de emancipação por colação de grau, nos próprios termos do Decreto n. 3.048/1999, não enseja a perda da condição de dependente.

Possibilidade de extensão do benefício até os 24 anos de idade

Na legislação do Imposto de Renda, conforme art. 35, parágrafo 1º, da Lei n. 9.250, de 26 de dezembro de 1995 (Brasil, 1995b), o filho que esteja "cursando estabelecimento de ensino superior ou escola técnica de segundo grau", poderá ser considerado dependente.

Muito embora alguns regimes próprios tenham essa previsão, no RGPS, contudo, tal benesse não foi reconhecida, conforme o STJ, Tema 643 :

> Não há falar em restabelecimento da pensão por morte ao beneficiário, maior de 21 anos e não inválido, diante da taxatividade da lei previdenciária, porquanto não é dado ao Poder Judiciário legislar positivamente, usurpando função do Poder Legislativo.

No mesmo sentido, a TNU, no Tema 7, indica que "É indevida a prorrogação da pensão por morte ao filho maior de 21 anos, ainda que esteja cursando o ensino superior."

— 4.8.8 —
Equiparados a filhos

A legislação previdenciária conforma alguns conceitos do direito civil, de acordo com seus objetivos. Assim, em relação à proteção social das crianças, objetivo insculpido em diversos artigos da Constituição Federal, o legislador previdenciário estendeu a possibilidade de concessão do benefício a figuras equiparadas a filhos. São eles: o menor enteado e o menor sob tutela.

O menor enteado é o filho de apenas um dos cônjuges. Por sua vez, o procedimento judicial de tutela é aquele que confere ao tutor o exercício pleno do pátrio poder. Nesses dois casos, há necessidade de comprovação da dependência econômica, diferentemente do que ocorre com o filho legítimo ou adotado.

— 4.8.9 —
Menor sob guarda

O menor sob guarda tem sido um calcanhar de aquiles na discussão acerca do cabimento da pensão por morte. O INSS revogou o o artigo da Lei n. 8.213/1991 que tratava da possibilidade dessa concessão.

Depois de muito tempo e de diversas oscilações, o STJ fixou tese no sentido da possibilidade de extensão da pensão também ao menor sob guarda. Segundo o Tema 732 do STJ:

> O menor sob guarda tem direito à concessão do benefício de pensão por morte do seu mantenedor, comprovada sua dependência econômica, nos termos do art. 33, § 3º do Estatuto da Criança e do Adolescente, ainda que o óbito do instituidor da pensão seja posterior à vigência da Medida Provisória 1.523/96, reeditada e convertida na Lei 9.528/97. Funda-se essa conclusão na qualidade de lei especial do Estatuto da Criança e do Adolescente (8.069/90), frente à legislação previdenciária.

Com a Reforma da Previdência, adveio o *backlash*, ou seja, a resposta do Governo, restando estabelecido que a equiparação a filho se circunscreve exclusivamente aos menores enteados e aos menores sob tutela, mediante a comprovação de dependência. De acordo com o texto do art. 23, parágrafo 6º, da Emenda Constitucional n. 103/2019: "Equiparam-se a filho, para fins de recebimento da pensão por morte, exclusivamente o enteado e o menor tutelado, desde que comprovada a dependência econômica" (Brasil, 2019).

No entanto, a questão retornará para debates nos tribunais superiores. Há argumentos fortes relacionados ao arcabouço constitucional de proteção integral às crianças, reforçados por convenções internacionais e pela legislação local – por exemplo, a lei que libera da prisão mães e gestantes e o Estatuto da Criança e do Adolescente – Lei n. 8.069, de 13 de julho de 1990 (Brasil, 1990).

— 4.8.10 —
Parentalidade socioafetiva

A paternidade socioafetiva foi apreciada pelo STF no Tema 622, que fixou a seguinte tese: "A paternidade socioafetiva, declarada ou não em registro público, não impede o reconhecimento de vínculo de filiação concomitante baseado na origem biológica, com os efeitos jurídicos próprios".

Vale a pena conferir o voto condutor do Ministro Luiz Fux, que fez uma bela utilização do sobreprincípio da dignidade da pessoa humana e do direito à felicidade. Concluiu o ministro que o Estado não pode impor condicionamentos à autodeterminação das pessoas no que se refere à busca da felicidade, reconhecendo que o conceito de família tem adquirido contornos outros do que aqueles verificados antigamente. Vejamos o seguinte trecho do Recurso Extraordinário 898060:

> 3. A família, objeto do deslocamento do eixo central de seu regramento normativo para o plano constitucional, reclama a reformulação do tratamento jurídico dos vínculos parentais à luz do sobreprincípio da dignidade humana (art. 1º, III, da CRFB) e da busca da felicidade.
>
> 4. A dignidade humana compreende o ser humano como um ser intelectual e moral, capaz de determinar-se e desenvolver-se em liberdade, de modo que a eleição individual dos próprios objetivos de vida tem preferência absoluta em relação a eventuais formulações legais definidoras de modelos preconcebidos, destinados a resultados eleitos a priori pelo legislador. Jurisprudência do Tribunal Constitucional alemão (BVerfGE 45, 187).
>
> 5. A superação de óbices legais ao pleno desenvolvimento das famílias construídas pelas relações afetivas interpessoais dos próprios indivíduos é corolário do sobreprincípio da dignidade humana.
>
> 6. O direito à busca da felicidade, implícito ao art. 1º, III, da Constituição, ao tempo que eleva o indivíduo à centralidade do

ordenamento jurídico-político, reconhece as suas capacidades de autodeterminação, autossuficiência e liberdade de escolha dos próprios objetivos, proibindo que o governo se imiscua nos meios eleitos pelos cidadãos para a persecução das vontades particulares. Precedentes da Suprema Corte dos Estados Unidos da América e deste Egrégio Supremo Tribunal Federal: RE 477.554-AgR, Rel. Min. Celso de Mello, DJe de 26/08/2011; ADPF 132, Rel. Min. Ayres Britto, DJe de 14/10/2011.

7. O indivíduo jamais pode ser reduzido a mero instrumento de consecução das vontades dos governantes, por isso que o direito à busca da felicidade protege o ser humano em face de tentativas do Estado de enquadrar a sua realidade familiar em modelos pré-concebidos pela lei.

8. A Constituição de 1988, em caráter meramente exemplificativo, reconhece como legítimos modelos de família independentes do casamento, como a união estável (art. 226, § 3º) e a comunidade formada por qualquer dos pais e seus descendentes, cognominada "família monoparental" (art. 226, § 4º), além de enfatizar que espécies de filiação dissociadas do matrimônio entre os pais merecem equivalente tutela diante da lei, sendo vedada discriminação e, portanto, qualquer tipo de hierarquia entre elas (art. 227, § 6º). (RE 898060, Rel. Min. Luiz Fux)

Muito embora o julgado se refira especificamente ao pai, em caso de controvérsia acerca do exame de DNA, não há óbice à aplicação dos mesmos fundamentos (*ratio decidendi*, ou seja, as "razões determinantes") para a situação da maternidade socioafetiva, por força do princípio da isonomia e em nome da primazia da realidade.

Vale a pena conferir o seguinte julgado do STJ que reconhece a possibilidade de concessão da pensão por morte em razão da filiação socioafetiva para a pensão de ex-combatente:

> PREVIDENCIÁRIO. ADMINISTRATIVO. INTERPRETAÇÃO COMPATIBILIZADA COM OS MACROPROPÓSITOS PROTECIONISTAS JUSPREVIDENCIARISTAS. AGRAVO REGIMENTAL NO AGRAVO EM RECURSO ESPECIAL. MILITAR ESTADUAL. PENSÃO POR MORTE DO INSTITUIDOR. FILHA AFETIVA OU DE CRIAÇÃO. RESP. 1.274.240/SC, REL. MIN. NANCY ANDRIGHI, DJE 15.10.2013 E RESP. 1.328.380/MS, REL. MIN. MARCO AURÉLIO BELLIZZE, DJE 3.11.2014. COMPREENSÃO DO ART. 7º. DA LEI 3.765/60. DEPENDÊNCIA ECONÔMICA QUE SE TEM POR PRESUMIDA. DESNECESSIDADE DE SUA COMPROVAÇÃO. AGRG NO RESP 1.190.384/RJ, REL. MIN. HAMILTON CARVALHIDO, DJE 2.9.2010; AGRG NO RESP 1.154.667/RS, REL. MIN. LAURITA VAZ, DJE 27.4.2012; RESP 370.067/RS, REL. MIN. LAURITA VAZ, DJE 5.9.2005; AGRG NO RESP 601.721/PE, REL. MIN. CELSO LIMONGI DJE 10.2.2010. AGRAVO REGIMENTAL DA UNIÃO DESPROVIDO.
>
> 1. A interpretação jurídica e judicial das normas de Direito Previdenciário deve assegurar a máxima efetividade de seus institutos garantísticos, por isso não pode ficar restrita aos vocábulos que os expressam, sob pena de comprometer os seus objetivos e transformar o jusprevidenciarismo em mera técnica positivista, estranha ou refratária aos valores do humanismo e da fundamentalidade contemporânea dos direitos das pessoas.

2. O art. 7°, II da Lei 3.765/60 garante aos filhos de qualquer condição, excluindo os maiores do sexo masculino que não sejam interditos ou inválidos, o recebimento da pensão militar, independentemente da relação de dependência com o seu instituidor.

3. A filha afetiva ou de criação posiciona-se na mesma situação da enteada ou da filha adotiva; é entendimento antigo, mas atualizado do STJ, que equipara-se à condição de filha a enteada criada e mantida pelo Militar, instituidor da pensão, o qual, a despeito da ausência de laços sanguíneos, dispensou-lhe o mesmo tratamento que se dá a filho biológico (artigo 7°, inciso II, da Lei n. 3.765/60 combinado com o artigo 50, § 2°., Lei n. 6.880/80) (AgRg no REsp. 1.190.384/RJ, Rel. Min. HAMILTON CARVALHIDO, DJe 2.9.2010); a postura que tende a criar distinções ou classes de filiação, além de avessa aos postulados humanísticos e às premissas dos direitos fundamentais da pessoa humana, afronta também a realidade dos sentimentos dos pais e a larguesa de sua afeição pelos filhos.

4. No caso em comento, comprovado que o Militar dispensava à ora Agravada tratamento idêntico ao que as famílias devotam à filha biológica, deve ser-lhe assegurado o direito pensional decorrente do óbito do seu pai afetivo ou por adoção, sendo desimportante, nesta hipótese para a sua definição, a ausência de previsão legal expressa; em situação assim, a jurisprudência elaborou o entendimento de que, do mesmo modo que se reconhece à filha consanguínea a presunção de dependência econômica, também se deve reconhecer em favor da filha afetiva ou de criação a mesma condição pressuposta.

5. A 2ª Seção do STJ tem orientação firme e construtiva no sentido de reconhecer em casos como este, segundo afirmado pela douta Ministra FÁTIMA NANCY, a maternidade/paternidade socioafetiva tem seu reconhecimento jurídico decorrente da relação jurídica de afeto, marcadamente nos casos em que, sem nenhum vínculo biológico, os pais criam uma criança por escolha própria, destinando-lhe todo o amor, ternura e cuidados inerentes à relação pai-filho (REsp. 1.274.240/SC, DJe 15.10.2013).

6. Também o eminente Ministro MARCO AURÉLIO BELIZZE, em atenção às novas estruturas familiares, baseadas no princípio da afetividade jurídica (a permitir, em última análise, a realização do indivíduo como consectário da dignidade da pessoa humana), a coexistência de relações filiais ou a denominada multiplicidade parental, compreendida como expressão da realidade social, não pode passar despercebida pelo direito (REsp. 1.328.380/MS, DJe 3/11/2014).

7. Agravo Regimental da UNIÃO desprovido (AgRg no AREsp 71.290/MG, Rel. Ministro Napoleão Nunes Maia Filho, Primeira Turma, DJe 23/8/2016).

Também vale a pena conferir o julgado do Tribunal Regional Federal da 4ª Região (TRF4):

PREVIDENCIÁRIO. PENSÃO POR MORTE. REQUISITOS. ÓBITO DO INSTITUIDOR. FILIAÇÃO SOCIOAFETIVA. EQUIPARAÇÃO COM A FILIAÇÃO LEGÍTIMA PARA TODOS OS FINS. VÍNCULO DE DEPENDÊNCIA ECONÔMICA PRESUMIDO. QUALIDADE DE DEPENDENTE. COMPROVAÇÃO. TERMO

INICIAL. HABILITAÇÃO TARDIA. BENEFÍCIO PREVIAMENTE CONCEDIDO À GENITORA. PAGAMENTO EM DOBRO. NÃO CABIMENTO. CONSECTÁRIOS LEGAIS DA CONDENAÇÃO. RE N° 870.947/SE. EMBARGOS DE DECLARAÇÃO. EFEITO SUSPENSIVO. INDEFINIÇÃO. DIFERIMENTO PARA A FASE DE CUMPRIMENTO.

1. A concessão do benefício de pensão por morte depende da ocorrência do evento morte, da demonstração da qualidade de segurado do de cujus e da condição de dependente de quem objetiva a pensão.

2. A dependência econômica dos filhos socioafetivos é também presumida, por força da lei. O deferimento do amparo independe de carência.

3. Se a pensão por morte já foi paga – integralmente – à mãe já houve a percepção do benefício em prol do grupo familiar, do qual a genitora era responsável, assim que o deferimento da pensão à filha menor somente é possível a contar do passamento da beneficiária, ou seja, sem efeitos financeiros retroativos ao óbito do instituidor, sob pena de pagamento em duplicidade pelo erário.

4. Diferida para a fase de cumprimento de sentença a definição sobre os consectários legais da condenação, cujos critérios de aplicação da correção monetária e juros de mora ainda estão pendentes de definição pelo STF, em face da decisão que atribuiu efeito suspensivo aos embargos de declaração opostos no RE n° 870.947/SE, devendo, todavia, iniciar-se com a observância das disposições da Lei n° 11.960/09, possibilitando a requisição de pagamento do valor incontroverso.

(TRF4, AC 5005816-98.2016.4.04.7005, TURMA REGIONAL SUPLEMENTAR DO PR, Relator MARCELO MALUCELLI, juntado aos autos em 15/08/2019)

— 4.8.11 —
Invalidez ou deficiência intelectual, mental ou grave

A invalidez e a deficiência são levados em consideração no sistema de proteção social previdenciário.

Vale salientar que *invalidez* não se confunde com *deficiência*. Aquela está relacionada à incapacidade para o trabalho. Por sua vez, esta se trata de um conceito muito mais abrangente, consistindo em uma associação entre impedimento e barreiras, das mais diversas naturezas, os quais, em conjunto, impedem a pessoa de obter pleno desenvolvimento em igualdade de condições com o restante da população.

A evolução legislativa

O conceito de incapacidade civil passou por uma radical transformação com o advento da Lei n. 13.146, de 6 de julho de 2015 (Brasil, 2015d) – Estatuto da Pessoa com Deficiência. Na redação original do Código Civil (Lei n. 10.406/2002), eram consideradas **absolutamente incapazes** as seguintes pessoas:

> I – os menores de dezesseis anos;
>
> II – os que, por enfermidade ou deficiência mental, não tiverem o necessário discernimento para a prática desses atos;

III - os que, mesmo por causa transitória, não puderem exprimir sua vontade. (Brasil, 2002)

Por sua vez, os **relativamente incapazes** eram:

Art. 4º [...]

I - os maiores de dezesseis e menores de dezoito anos;

II - os ébrios habituais e os viciados em tóxicos;

III - aqueles que, por causa transitória ou permanente, não puderem exprimir sua vontade;

IV - os pródigos. (Brasil, 2002)

Com a Lei n. 13.146/2015, estabeleceu-se o paradigma de que a deficiência não afeta a plena capacidade civil da pessoa (art. 6º). Vale trazer à tona a Convenção sobre os Direitos da Pessoas com Deficiência – Decreto n. 6.949, de 25 de agosto de 2009 (Brasil, 2009), que inspirou a Lei n. 13.146/2015 e serve como vetor interpretativo das novas disposições. Nesse sentido, o ideal conferido pela referida convenção não é o de suprimir direitos, mas o de ampliar a proteção de modo que qualquer interpretação prejudicial às pessoas com deficiência diante do ordenamento anterior deve ser afastada.

Assim, deve prevalecer o conteúdo original do Código Civil (Lei n. 10.406/2002) no sentido de reconhecer a incapacidade absoluta da pessoa com deficiência mental que não tem o necessário discernimento para os atos da vida civil. Como consequência dessa compreensão, é possível defender que também não é aplicável a disposição do art. 74, inciso I, da Lei n. 8.213/1991 às pessoas com deficiência mental sem discernimento para os atos da vida civil, dada a incapacidade absoluta delas.

Momento da ocorrência da invalidez

O Decreto n. 10.410/2020, em seu art. 17, parágrafo 1º, estabeleceu que a invalidez ou a deficiência ensejadora da condição de dependente deve ter ocorrido antes das hipóteses já indicadas relacionadas à cessação de tal condição, não se restringindo ao atingimento da idade de 21 anos.

Vale dizer que a invalidez ou a deficiência deve ter ocorrido antes de completar vinte e um anos de idade para o filho, o irmão, o enteado ou o menor tutelado, ou nas seguintes hipóteses, se ocorridas anteriormente a essa idade, conforme o Decreto n. 10.410/2020, art. 17, inciso III:

> a) casamento
>
> b) início do exercício de emprego público efetivo
>
> c) constituição de estabelecimento civil ou comercial ou pela existência de relação de emprego, desde que, em função deles, o menor com dezesseis anos completos tenha economia própria; ou
>
> d) concessão de emancipação, pelos pais, ou por um deles na falta do outro, por meio de instrumento público, independentemente de homologação judicial, ou por sentença judicial, ouvido o tutor, se o menor tiver dezesseis anos completos; (Brasil, 2020a)

Embora o Decreto n. 10.410/2020 tenha definido tal limitação, há determinação judicial em ação civil pública para que o INSS valide a condição de dependente ainda que ela tenha ocorrido posteriormente ao implemento da idade de 21 anos ou à emancipação. A questão foi veiculada pela Portaria Conjunta n. 4, de 5 de março de 2020 (Brasil, 2020c), do Ministério da Economia e do INSS:

> PORTARIA CONJUNTA N° 4, DE 5 DE MARÇO DE 2020
>
> Comunica para cumprimento a decisão proferida na Ação Civil Pública n° 0059826-86.2010.4.01.3800/MG.
>
> O DIRETOR DE BENEFÍCIOS e o PROCURADOR-GERAL DA PROCURADORIA FEDERAL ESPECIALIZADA DO INSTITUTO NACIONAL DO SEGURO SOCIAL – INSS, no uso das atribuições que lhe confere o Decreto n° 9.746, de 8 de abril de 2019, e considerando o contido no Processo n° 00417.050538/2018-19, resolvem:
>
> Art. 1º Comunicar para cumprimento a decisão judicial proferida na Ação Civil Pública-ACP n° 0059826-86.2010.4.01.3800/MG, determinando ao INSS que reconheça, para fins de concessão de pensão por morte, a dependência do filho inválido ou do irmão inválido, quando a invalidez tenha se manifestado após a maioridade ou emancipação, mas até a data do óbito do segurado, desde que atendidos os demais requisitos da lei.
>
> Art. 2º A determinação judicial a que se refere o artigo 1º produz efeitos para benefícios com Data de Entrada de Requerimento-DER a partir de 19/08/2009 e alcança todo o território nacional.

Art. 3º Para os requerimentos enquadrados na decisão judicial, não mais se aplicará o disposto no art. 17, inciso III, alíneas "a" e "e" do Decreto nº 3048, de 6 de maio de 1999, cabendo a concessão de pensão por morte previdenciária (B/21) ou pensão por morte por acidente de trabalho (B/93) sempre que a invalidez do filho ou irmão for anterior ao óbito do instituidor, mesmo que posterior aos 21 (vinte e um) anos ou a eventual causa de emancipação.

Art. 4º O disposto no artigo 3º se aplica apenas aos requerimentos de pensão por morte, não se estendendo aos pedidos de auxílio-reclusão ou salário-família.

Art. 5º Quando se tratar de dependente irmão inválido, caberá a comprovação da dependência econômica, além da observância de que a existência de dependente filho inválido exclui o direito à pensão por morte de dependente irmão inválido, conforme o disposto no art. 16, § 1º e § 4º, da Lei nº 8.213/1991. (Brasil, 2020c)

Devemos destacar, por fim, conforme o parágrafo 2º do Decreto n. 10.410/2020, a necessidade de realização de perícia, a cargo da Perícia Médica Federal, a fim de se constatar a invalidez e o momento em que esta eclodiu. É importane salientar que entre 2011 e 2015 vigorou a necessidade de interdição judicial do dependente para fins de acesso ao benefício.

Comprovação de dependência econômica para o filho maior inválido ou deficiente

Quanto ao filho maior inválido ou deficiente, há o seguinte entendimento no sentido da necessidade de comprovação da dependência econômica:

> PREVIDENCIÁRIO. RECURSO ESPECIAL. ENUNCIADO ADMINISTRATIVO 3/STJ. PENSÃO POR MORTE. FILHO MAIOR INVÁLIDO. RELAÇÃO DE DEPENDÊNCIA ECONÔMICA ENTRE SEGURADO DA PREVIDÊNCIA SOCIAL E BENEFICIÁRIO. PRESUNÇÃO RELATIVA. NECESSIDADE DE COMPROVAÇÃO DA DEPENDÊNCIA. PERCEPÇÃO DE BENEFÍCIO PREVIDENCIÁRIO QUE AFASTA A PRESUNÇÃO DE DEPENDÊNCIA. (REsp 1567171/SC, Rel. Ministro NAPOLEÃO NUNES MAIA FILHO, Rel. para Acórdão Ministro BENEDITO GONÇALVES, PRIMEIRA TURMA, julgado em 07/05/2019, DJe 22/05/2019)

Trata-se de distinção não prevista em lei, e não há razão para tratamento diferenciado. É uma questão à qual devemos ficar atentos.

— 4.8.12 —
Pais

Os pais, como já sabemos, podem receber o benefício, desde que não exista nenhum dependente da classe I. Além disso, devem comprovar a dependência econômica.

Nos termos do Despacho n. 37, de 12 de novembro de 2019 (Brasil, 2019h), do Conselho de Recursos da Previdência Social, "a dependência econômica pode ser parcial, devendo, no entanto, representar um auxílio substancial, permanente e necessário, cuja falta acarretaria desequilíbrio dos meios de subsistência do dependente."

A Instrução Normativa n. 77/2015, em seu art. 121, parágrafo 3º, estabelece que a dependência econômica pode ser parcial ou total, devendo, no entanto, ser permanente.

Nos julgados a seguir, o TRF4 entendeu ser possível o reconhecimento da maternidade socioafetiva para fins de concessão da pensão do filho socioafetivo para a mãe. No primeiro caso, por não ter havido a comprovação da dependência econômica, o benefício não foi concedido:

> PREVIDENCIÁRIO. PENSÃO POR MORTE. CONDIÇÃO DE DEPENDENTE. MATERNIDADE SOCIOAFETIVA. RECONHECIDA. GENITORA. DEPENDÊNCIA NÃO PRESUMIDA. COMPROVAÇÃO. CORREÇÃO MONETÁRIA. 1. Os requisitos para a obtenção do benefício de pensão por morte estão elencados na legislação previdenciária vigente à data do óbito, cabendo a parte interessada preenchê-los. No caso, a parte deve comprovar: (a) ocorrência do evento morte; (b) a qualidade de segurado do de cujus e (c) a condição de dependente de quem objetiva a pensão. 2. Resta reconhecida a maternidade socioafetiva da autora em relação ao falecido sobrinho, para fins previdenciários, comprovada a existência do vínculo socioafetivo

materno desde a tenra infância. 3. A dependência econômica dos pais do de cujus não é presumida e deve ser comprovada, conforme determina o art. 16, II §4º, da Lei nº 8.213/91. Caso em que comprovada a dependência econômica. 4. Nos termos do julgamento do RE nº 870.947/SE (Tema 810), pelo STF, em 20/09/2017, a correção monetária dos débitos da Fazenda Pública se dá através do IPCA-E. (TRF4, AC 5012484-55.2016.4.04.7112, QUINTA TURMA, Relator ALTAIR ANTONIO GREGÓRIO, juntado aos autos em 30/07/2018)

No segundo caso, houve a concessão do benefício:

PREVIDENCIÁRIO. PENSÃO POR MORTE. REQUISITOS. ÓBITO. QUALIDADE DE SEGURADO. DEPENDÊNCIA ECONÔMICA DOS PAIS EM RELAÇÃO AO FILHO FALECIDO. MATERNIDADE SOCIOAFETIVA. COMPROVAÇÃO. CORREÇÃO MONETÁRIA E JUROS DE MORA. CUSTAS PROCESSUAIS. TUTELA ESPECÍFICA.

1. A concessão do benefício de pensão por morte depende da ocorrência do evento morte, da demonstração da qualidade de segurado do de cujus e da condição de dependente de quem objetiva a pensão.

2. Não há óbice à concessão de pensão por morte à mãe não biológica do segurado, desde que comprovada a relação de maternidade socioafetiva e a dependência econômica.

3. Dependência econômica significa contribuição às despesas da família, implica participação significativa no orçamento doméstico, não sendo necessário que a subsistência dependa exclusivamente dos recursos advindos do segurado. Assim,

para que configurada a dependência econômica dos pais em relação ao filho, não se exige que o trabalho do filho seja a única fonte de renda da família. Outrossim, pode ser comprovada por qualquer meio de prova, não se exigindo início de prova material. Precedentes.

4. No caso em tela, a autora provou que criava o sobrinho desde a infância, mantendo relação de mãe e filho, e que a contribuição do de cujus era imprescindível para o sustento da família à época do óbito, fazendo jus à pensão por morte requerida.

5. Correção monetária pelo IGP-DI de maio de 1996 a março de 2006, pelo INPC de abril de 2006 a junho de 2009, e, a partir de então, desde cada vencimento, pelo IPCA-E.

6. Juros de mora simples de um por cento (1%) ao mês, a contar da citação (Súmula 204 do STJ), até 29/06/2009, e, a partir de tal data, conforme o art. 5º da Lei 11.960/2009, que deu nova redação ao art.1º-F da Lei 9.494/1997.

7. O INSS é isento do pagamento das custas no Foro Federal (inc. I do art. 4º da Lei 9.289/1996) e na Justiça Estadual do Rio Grande do Sul, devendo, contudo, pagar eventuais despesas processuais, como as relacionadas a correio, publicação de editais e condução de oficiais de justiça (art. 11 da Lei Estadual 8.121/1985, com a redação da Lei Estadual 13.471/2010, já considerada a inconstitucionalidade formal reconhecida na ADI nº 70038755864, TJRS, Órgão Especial).

8. Ordem para implantação do benefício. Precedente. (TRF4, APELREEX 0000544-87.2015.4.04.9999, QUINTA TURMA, Relatora LUCIANE MERLIN CLÈVE KRAVETZ, D.E. 27/10/2017)

Avós podem ter direito?
O STJ já reconheceu que os avós podem receber a pensão por morte em razão do falecimento do neto. O entendimento que prevaleceu é o mesmo que se dá à paternidade socioafetiva. Nesse sentido, não se concede o benefício porque são avós, mas porque cumpriram a paternidade socioafetiva. Vejamos o trecho a seguir:

> PREVIDENCIÁRIO. RECURSO ESPECIAL. ENUNCIADO ADMINISTRATIVO 2/STJ. PENSÃO POR MORTE. REGIME GERAL DE PREVIDÊNCIA SOCIAL. ÓBITO DO NETO. AVÓS NA CONDIÇÃO DE PAIS. ROL DO ARTIGO 16 DA LEI 8.213/1991 TAXATIVO. ADEQUAÇÃO LEGAL DA RELAÇÃO JURÍDICA FAMILIAR. ARTIGO 74 DA LEI 8.213/1991. DIREITO À PENSÃO RECONHECIDO. RECURSO ESPECIAL CONHECIDO E PROVIDO. (STJ, RESP 1574859, Rel. Min. Mauro Campbell)

— 4.8.13 —
Irmãos menores de 21 anos, maiores inválidos ou com deficiência grave

Os irmãos menores de 21 anos não emancipados, maiores inválidos ou com deficiência representam a classe III de dependentes. Eles só têm acesso ao benefício se não houver dependentes das demais classes.

Há necessidade de comprovação da dependência econômica, aplicando-se a mesma compreensão adotada para os pais, vista anteriormente. Em relação ao momento da invalidez ou da deficiência, aplica-se a mesma compreensão adotada em relação aos filhos.

— 4.9 —
Carência

Mais um conceito fundamental em direito previdenciário, a carência corresponde ao número mínimo de contribuições mensais necessárias para que o segurado tenha acesso ao benefício previdenciário.

Esse é o conceito clássico estabelecido na Lei n. 8.213/1991. Ocorre que a Emenda Constitucional n. 103/2019 trouxe uma importante modificação: só poderão ser consideradas as contribuições equivalentes, pelo menos, ao valor mínimo. Aquelas contribuições efetuadas abaixo do valor mínimo não serão consideradas.

Nessa esteira, o Decreto n. 10.410/2020 atualizou o regulamento da previdência social de acordo com a Reforma da Previdência, estabelecendo o seguinte conceito de carência:

> Art. 26. Período de carência é o tempo correspondente ao número mínimo de contribuições mensais indispensáveis para que o beneficiário faça jus ao benefício, consideradas as competências cujo salário de contribuição seja igual ou superior ao seu limite mínimo mensal. (Brasil, 2020a)

Os prazos de carência fixados no Decreto n. 3.048/1999, após atualização da Reforma da Previdência, são:

> I – doze contribuições mensais, nos casos de auxílio por incapacidade temporária e aposentadoria por incapacidade permanente; e
>
> II – cento e oitenta contribuições mensais, nos casos de aposentadoria programada, por idade do trabalhador rural e especial;
>
> III – dez contribuições mensais, no caso de salário-maternidade, para as seguradas contribuinte individual, especial e facultativa, respeitado o disposto no § 2º do art. 93 e no inciso II do art. 101.
>
> IV – vinte e quatro contribuições mensais, no caso de auxílio-reclusão. (Brasil, 1999)

Devemos destacar que, em caso de parto antecipado, para fins de concessão de salário-maternidade, o período de carência de dez contribuições será reduzido de forma equivalente ao número de meses em que o parto foi antecipado. Assim, se o parto tiver ocorrido no oitavo mês, a carência exigida será de nove contribuições. Se ocorreu no sétimo mês, a carência será de oito contribuições, e assim sucessivamente.

Entretanto, nos termos do art. 26 da Lei n. 8.213/1991, as seguintes prestações não dependem de carência:

I – pensão por morte, salário-família e auxílio-acidente de qualquer natureza;

II – auxílio-doença e aposentadoria por invalidez nos casos de acidente de qualquer natureza ou causa e de doença profissional ou do trabalho, bem como nos casos de segurado que, após filiar-se ao RGPS, for acometido de alguma das doenças e afecções especificadas em lista elaborada pelos Ministérios da Saúde e da Previdência Social, atualizada a cada 3 (três) anos, de acordo com os critérios de estigma, deformação, mutilação, deficiência ou outro fator que lhe confira especificidade e gravidade que mereçam tratamento particularizado;

III – os benefícios concedidos na forma do inciso I do art. 39, aos segurados especiais referidos no inciso VII do art. 11 desta Lei;

IV – serviço social;

V – reabilitação profissional.

VI – salário-maternidade para as seguradas empregada, trabalhadora avulsa e empregada doméstica. (Brasil, 1991b)

Até que seja elaborada a lista de doenças ou de afecções a que se refere o item III da citação anterior, não dependerá de carência a concessão de auxílio por incapacidade temporária e de aposentadoria por incapacidade permanente ao segurado que, após filiar-se ao RGPS, seja acometido por alguma das seguintes enfermidades, conforme o Decreto n. 3.048/1999, art. 30, parágrafo 2º:

I – tuberculose ativa;
II – hanseníase;
III – alienação mental;
IV – esclerose múltipla;
V – hepatopatia grave;
VI – neoplasia maligna;
VII – cegueira;
VIII – paralisia irreversível e incapacitante;
IX – cardiopatia grave;
X – doença de Parkinson;
XI – espondiloartrose anquilosante;
XII – nefropatia grave;
XIII – estado avançado da doença de Paget (osteíte deformante);
XIV – síndrome da imunodeficiência adquirida (aids);
XV – contaminação por radiação, com base em conclusão da medicina especializada. (Brasil, 1999)

Há controvérsia sobre se as hipóteses de dispensa de carência se consubstanciam em um rol taxativo ou exemplificativo. Um dos principais exemplos é o da gravidez de alto risco. A propósito, a TNU, no Tema 220, decidiu que:

> 1. O rol do inciso II do art. 26 da lei 8.213/91 é exaustivo. 2. A lista de doenças mencionada no inciso II, atualmente regulamentada pelo art. 151 da Lei nº 8.213/91, não é taxativa, admitindo interpretação extensiva, desde que demonstrada a especificidade e gravidade que mereçam tratamento

particularizado. 3. A gravidez de alto risco, com recomendação médica de afastamento do trabalho por mais de 15 dias consecutivos, autoriza a dispensa de carência para acesso aos benefícios por incapacidade.

Trata-se de importante decisão que reconheceu a possibilidade de ampliação do rol de doenças graves que podem dispensar a carência. Além disso, o julgado reconheceu expressamente que a condição de gravidez de alto risco também dispensa a carência.

Por fim, cabe destacar que a legislação previdenciária prevê um mecanismo de resgate de carência caso o trabalhador tenha perdido a qualidade de segurado e volte a contribuir para a previdência social. Nesse caso, as contribuições anteriores poderão ser aproveitadas desde que o segurado tenha cumprido metade da carência para o benefício ao qual pretende acesso. Assim, no caso do auxílio por incapacidade temporária, o segurado poderá usar eventual período anterior após cumpridos 6 meses de carência na nova filiação. Com o salário-maternidade, seriam 5 meses, e com o auxílio-reclusão, 12 meses.

Capítulo 5

Benefícios previdenciários por incapacidade e o Benefício de Prestação Continuada (BPC)

Chegamos ao ponto crucial de nosso livro: o dos benefícios previdenciários previstos no Regime Geral de Previdência Social (RGPS). Como já salientamos, o regime geral se aplica subsidiariamente aos regimes próprios, servindo como base para interpretação de outros modelos.

Para fins de análise dos benefícios dos regimes próprios, que não serão tratados por nós, fica o alerta acerca da necessidade de verificação da legislação do ente federativo (União, estados ou municípios) tratando das prestações previdenciárias.

Começaremos nosso estudo pelos benefícios previdenciários por incapacidade.

— 5.1 —
Auxílio por incapacidade temporária

Os benefícios previdenciários por incapacidade representam um dos pontos centrais do sistema. A Emenda Constitucional n. 103, de 12 de novembro de 2019 (Brasil, 2019b) promoveu uma sutil, mas relevante mudança, ao substituir os termos *doença* e *invalidez*, respectivamente, por *incapacidade temporária* e *incapacidade permanente*.

A mudança de nomenclatura torna a denominação mais precisa do ponto de vista técnico, pois, efetivamente, não é a doença que confere o direito previdenciário, mas a incapacidade temporária.

— 5.1.1 —
Requisitos gerais

O auxílio por incapacidade temporária, antigo auxílio-doença, continua regulamentado pela Lei n. 8.213, de 24 de julho de 1991 (Brasil, 1991b) – a Lei de Benefícios. Porém, há a necessidade de análise dessa lei em conjunto com o Decreto n. 3.048, de 6 de maio de 1999 (Brasil, 1999), especialmente com os acréscimos dados pelo Decreto n. 10.410, de 30 de junho de 2020 (Brasil, 2020a), atualizado conforme a Reforma da Previdência – Emenda Constitucional n. 103/2019.

O benefício será devido ao segurado que, havendo cumprido, quando for o caso, o período de carência exigido, ficar incapacitado para realizar seu trabalho ou sua atividade habitual por mais de 15 (quinze) dias consecutivos.

— 5.1.2 —
Impossibilidade de concessão para aquele que ingressou como incapaz no RGPS

À semelhança da aposentadoria por incapacidade permanente, nos termos do art. 59, parágrafo 1º, da Lei n. 8.213/1991,

> não será devido o benefício ao segurado que se filiar ao Regime Geral de Previdência Social já portador da doença ou da lesão invocada como causa para o benefício, exceto quando a incapacidade sobrevier por motivo de progressão ou agravamento da doença ou da lesão. (Brasil, 1991b)

Vale destacar que o indivíduo pode ingressar no RGPS portador de uma doença, porém não pode entrar incapaz. Se ele ingressar no sistema com uma doença, ele terá de demonstrar que a incapacidade decorreu de um agravamento dessa doença durante o período de recolhimento das contribuições.

— 5.1.3 —
Data do início do benefício

Nos termos do art. 60 da Lei n. 8.213/1991, o benefício

> será devido ao segurado empregado a contar do décimo sexto dia do afastamento da atividade, e, no caso dos demais segurados, a contar da data do início da incapacidade e enquanto ele permanecer incapaz. (Brasil, 1991b)

Quando requerido por segurado afastado da atividade por mais de 30 dias, o benefício será devido a contar da data da entrada do requerimento.

Na forma do parágrafo 3º do art. 60 da Lei n. 8.213/1991, "Durante os primeiros quinze dias consecutivos ao do afastamento da atividade por motivo de doença, incumbirá à empresa pagar ao segurado empregado o seu salário integral" (Brasil, 1991b).

Por sua vez, a empresa que dispuser de serviço médico, próprio ou em convênio, terá a seu cargo o exame clínico e o abono das faltas correspondentes aos 15 primeiros dias, somente devendo encaminhar o segurado à perícia médica da previdência social quando a incapacidade ultrapassar 15 (quinze) dias.

— 5.1.4 —
Prazo de duração do benefício

O segurado em gozo do benefício que voltar a exercer atividade que lhe garanta subsistência poderá ter o direito cancelado a partir do retorno ao serviço. Nessa hipótese, caso o segurado, durante o gozo do benefício, venha a exercer atividade diversa daquela que gerou o auxílio deverá ser verificada a incapacidade para cada uma das atividades exercidas.

Entretanto, importante mudança foi trazida pela Lei n. 13.457, de 26 de junho de 2017 (Brasil, 2017b), art. 60, parágrafo 8º, no sentido de que, "sempre que possível, o ato de concessão ou de reativação do benefício, judicial ou administrativo, deverá fixar o prazo estimado para a duração do benefício".

Se não houver prazo fixado, conforme a Lei n. 13.457/2017, art. 60, parágrafo 9º,

> o benefício cessará após o prazo de cento e vinte dias, contado da data de concessão ou de reativação do auxílio-doença, exceto se o segurado requerer a sua prorrogação perante o INSS (Instituto Nacional do Seguro Social), na forma do regulamento [...]. (Brasil, 2017a) e observado o art. 62, da Lei n. 8.213/1991.

Além do que prevê a citação anterior, deve ser observado o art. 62, da Lei n. 8.213/1991. O segurado em gozo de auxílio por incapacidade temporária, conforme a Lei n. 13.457/2017, art. 60, parágrafo 10, "concedido judicial ou administrativamente, poderá ser convocado a qualquer momento para avaliação das condições que ensejaram sua concessão ou manutenção, observado o disposto no art. 101" (Brasil, 2017b) da mesma lei.

— 5.1.5 —
Recurso contra a decisão de indeferimento administrativo

É possível a apresentação de recurso contra a decisão de indeferimento do benefício, devendo ser manejado em trinta dias e dirigido ao Conselho de Recursos do Seguro Social, cuja análise médica pericial, se necessária, "será feita pelo assistente técnico médico da Junta de Recursos da Previdência Social, perito diverso daquele que indeferiu o benefício" (Brasil, 2017b).

— 5.1.6 —
Concessão do auxílio por incapacidade temporária ao segurado preso

Novidade trazida pela Medida Provisória n. 871, de 18 de janeiro de 2019 (Brasil, 2019g) – posteriormente convertida na Lei n. 13.846, de 18 de junho de 2019 (Brasil, 2019d) – diz respeito à situação de prisão do segurado. Nos termos dessa lei só será devido o benefício para o segurado recluso em regime fechado.

Além disso, o segurado em gozo de auxílio por incapacidade temporária na data do recolhimento à prisão terá o benefício suspenso. A referida suspensão será de até 60 dias, contados da data do recolhimento à prisão, e após esse prazo o benefício será cessado.

Caso o segurado seja colocado em liberdade antes do prazo de 60 dias, o benefício será restabelecido a partir da data da soltura. Ainda, em caso de prisão declarada ilegal, o segurado terá direito à percepção do benefício por todo o período devido.

A Medida Provisória n. 871/2019 estabeleceu também uma norma de direito intertemporal, a fim de evitar discussões posteriores. Nos termos do do art. 59, parágrafo 7º, da Lei n. 8.213/1991, os novos dispositivos relacionados à prisão do segurado somente se aplicam aos que forem recolhidos à prisão a partir da data de publicação da Medida Provisória n. 871/2019.

Cabe destacar que, anteriormente a essas disposições, estava em vigor o art. 2º da Lei n. 10.666, de 8 de maio de 2003 (Brasil, 2003b) – atualmente revogado –, que assim dispunha:

> Art. 2º O exercício de atividade remunerada do segurado recluso em cumprimento de pena em regime fechado ou semi-aberto que contribuir na condição de contribuinte individual ou facultativo não acarreta a perda do direito ao recebimento do auxílio-reclusão para seus dependentes. (Revogado pela Lei nº 13.846, de 2019)

> § 1º O segurado recluso não terá direito aos benefícios de auxílio-doença e de aposentadoria durante a percepção, pelos dependentes, do auxílio-reclusão, ainda que, nessa condição, contribua como contribuinte individual ou facultativo, permitida a opção, desde que manifestada, também, pelos dependentes, ao benefício mais vantajoso. (Revogado pela Lei nº 13.846, de 2019)
>
> § 2º Em caso de morte do segurado recluso que contribuir na forma do § 1º, o valor da pensão por morte devida a seus dependentes será obtido mediante a realização de cálculo, com base nos novos tempo de contribuição e salários-de-contribuição correspondentes, neles incluídas as contribuições recolhidas enquanto recluso, facultada a opção pelo valor do auxílio-reclusão. (Revogado pela Lei nº 13.846, de 2019) (Brasil, 2003b)

Nos termos do art. 60 da Lei n. 8.213/1991, o benefício será devido ao segurado empregado a contar do décimo sexto dia do afastamento da atividade, e, no caso dos demais segurados, a contar da data do início da incapacidade e enquanto esta se mantiver. Quando requerido por segurado afastado da atividade por mais de 30 dias, o auxílio-doença será devido a contar da data da entrada do requerimento.

— 5.1.7 —
Encaminhamento à reabilitação profissional

Caso não seja suscetível de recuperação, conforme dispõe o art. 62, da Lei n. 8.213/1991, o beneficiário do auxílio por incapacidade temporária deverá ser submetido "a processo de reabilitação profissional para o exercício de outra atividade" (Brasil, 1991b), mantendo-se o auxílio até que o sujeito seja considerado reabilitado para o desempenho de atividade que lhe garanta a subsistência ou, quando considerado não recuperável, seja aposentado por invalidez.

Ainda, no sentido da reabilitação, a alteração das atribuições e das responsabilidades do segurado compatíveis com a limitação que tenha sofrido em sua capacidade física ou mental não configura desvio de cargo ou de função.

Por fim, cabe destacar que o segurado empregado, inclusive o doméstico, em gozo do benefício, será considerado pela empresa e pelo empregador doméstico como licenciado. A empresa que garantir ao indivíduo a licença remunerada ficará obrigada a pagar-lhe durante o período de auxílio-doença a eventual diferença entre o valor desse direito e a importância garantida pela licença.

— 5.2 —

Aposentadoria por incapacidade permanente

Quando não se trata de hipótese de concessão de auxílio por incapacidade temporária ou auxílio-acidente, poderá ser o caso de concessão de aposentadoria por incapacidade permanente, a qual analisaremos a seguir.

— 5.2.1 —
Regras gerais

A aposentadoria por incapacidade permanente, agora assim chamada por força da Emenda Constitucional n. 103/2019, era denominada *aposentadoria por invalidez*, conforme art. 42 da Lei n. 8.213/1991.

Apesar da mudança de nome, sua regulamentação continua regida pela Lei n. 8.213/1991, com os acréscimos dados pelo Decreto n. 10.410/2020. Segundo a redação do art. 42 da Lei n. 8.213/1991:

> Art. 42. A aposentadoria por invalidez, uma vez cumprida, quando for o caso, a carência exigida, será devida ao segurado que, estando ou não em gozo de auxílio-doença, for considerado incapaz e insusceptível de reabilitação para o exercício de atividade que lhe garanta a subsistência, e ser-lhe-á paga enquanto permanecer nesta condição. (Brasil, 1991b)

Agora, vejamos a redação dada pelo Decreto n. 10.410/2020:

> Art. 43. A aposentadoria por incapacidade permanente, uma vez cumprido o período de carência exigido, quando for o caso, será devida ao segurado que, em gozo ou não de auxílio por incapacidade temporária, for considerado incapaz para o trabalho e insuscetível de reabilitação para o exercício de atividade que lhe garanta a subsistência, que lhe será paga enquanto permanecer nessa condição. (Brasil, 2020a)

Os requisitos para a concessão da aposentadoria por incapacidade permanente, em suma, são os seguintes:

a. incapacidade para o trabalho;
b. insuscetibilidade de reabilitação para o exercício de atividade que lhe garanta subsistência;
c. o cumprimento da carência, quando exigida.

— 5.2.2 —
Prazo de duração do benefício

O benefício perdurará enquanto for mantida a condição que garante seu direito. Conforme estabelece a lei, para fins de concessão da aposentadoria por incapacidade permanente, deverá ser realizado exame médico-pericial, a cargo da previdência social, podendo o indivíduo se fazer acompanhar de médico de sua confiança.

— 5.2.3 —
Impossibilidade de concessão ao indivíduo que ingressou como incapaz no RGPS

Como já vimos em relação ao auxílio por incapacidade temporária, não é possível ao segurado ingressar no RGPS já portador da incapacidade. Ele até pode entrar no sistema acometido de doença, mas, para receber esse benefício e qualquer outro por essa condição, deverá comprovar o agravamento.

Conforme o art.42, parágrafo 2º, da Lei n. 8.213/1991:

> A doença ou lesão de que o segurado já era portador ao filiar-se ao Regime Geral de Previdência Social não lhe conferirá direito à aposentadoria por invalidez, salvo quando a incapacidade sobrevier por motivo de progressão ou agravamento dessa doença ou lesão. (Brasil, 1991b)

— 5.2.4 —
Desnecessidade de prévio recebimento do benefício por incapacidade temporária

Não há necessidade de que previamente o segurado tenha recebido auxílio por incapacidade temporária. Conforme o art. 42, parágrafo 1º, da Lei n. 8.213/1991:

> A concessão de aposentadoria por invalidez dependerá da verificação da condição de incapacidade mediante exame médico-pericial a cargo da Previdência Social, podendo o segurado, às suas expensas, fazer-se acompanhar de médico de sua confiança. (Brasil, 1991b)

— 5.2.5 —
Data do início do benefício

O benefício será devido imediatamente a partir do dia seguinte ao da cessação do auxílio por incapacidade temporária.

Se não for antecedido de auxílio por incapacidade temporária, para o segurado empregado, o benefício será devido a partir do décimo sexto dia de afastamento ou após o requerimento administrativo, caso este tenha sido efetivado mais de 30 dias após o início da incapacidade. Em relação aos primeiros 15 dias, o salário deverá ser pago pela empresa.

Para os demais segurados, será concedido o benefício a partir do início da incapacidade, se o direito for requerido em até 30 dias do começo incapacidade. Se for requerido após 30 dias do início da incapacidade, o benefício será devido a partir do requerimento.

— 5.2.6 —
Convocação para perícia

O segurado aposentado por incapacidade permanente poderá ser convocado a qualquer momento para avaliação das condições que ensejaram a concessão do benefício, salvos os seguintes casos:

a. aposentado portador de HIV (conforme art. 43, parágrafo 5º, da Lei n. 8.213/1991);

b. após completar 55 anos ou mais de idade e quando decorridos 15 anos da data da concessão da aposentadoria por invalidez ou do auxílio-doença que a precedeu (conforme art. 101 da Lei n. 8.213/1991);

c. após completar sessenta anos de idade (conforme art. 101, Lei n. 8.213/91).

Conforme dispõe a Lei n. 8.213/1991, nas hipóteses "b" e "c" da citação anterior, será possível a realização de perícia quando se tratar de hipótese de verificação da possibilidade de implantação do adicional de 25% para fins de concessão de tutela ou a pedido do próprio interessado.

O Decreto n. 10.410/2020 ainda prevê a possibilidade de realização de perícia em caso de suspeita de fraude.

— 5.2.7 —
Acesso aos prontuários do Sistema Único de Saúde e atendimento domiciliar

Acrescente-se que, para realização de sua função, o perito médico tem acesso aos prontuários do periciado no Sistema Único de Saúde (SUS), após autorização do segurado, e desde que garantido o sigilo sobre os dados.

Além disso, é garantido o atendimento domiciliar e hospitalar pela perícia médica e social do INSS ao segurado com dificuldades de locomoção e se seu deslocamento se mostrar desproporcional e indevido.

— 5.2.8 —
O adicional de 25% em caso de necessidade de assistência de terceiro

O art. 45 da Lei n. 8.213/1991 prevê um adicional de 25% para a aposentadoria por incapacidade permanente quando se tratar de segurado que venha a "necessitar da assistência permanente de outra pessoa" (Brasil, 1991b). Esse acréscimo é devido ainda que o valor da aposentadoria esteja no teto máximo da previdência social e acompanha os reajustes do benefício.

A cessação ocorre com a morte do aposentado, não incorporando-se ao valor da pensão.

Há grande discussão sobre a possibilidade de extensão desse adicional a outros benefícios previdenciários além da aposentadoria por incapacidade permanente. O argumento principal em favor desse acréscimo é o princípio da isonomia, porque não há razão para tratamento diferenciado para situações idênticas. Do lado contrário, invoca-se a ausência de previsão legal e de falta de prévia fonte de custeio.

O Superior Tribunal de Justiça (STJ), em sede de sistemática de recursos repetitivos, conforme art. 1.036 do Código de Processo Civil, decidiu sobre a possibilidade de extensão do adicional de 25% para outros benefícios. Segundo a tese fixada pelo STJ, Tema 982:

> Comprovadas a invalidez e a necessidade de assistência permanente de terceiro, é devido o acréscimo de 25% (vinte e cinco por cento), previsto no artigo 45 da Lei n. 8.213/1991, a todos os aposentados pelo RGPS, independentemente da modalidade de aposentadoria.

Contudo, o INSS interpôs um Recurso Extraordinário (RE) contra essa decisão e o próprio STJ, ao admitir o RE, suspendeu todos os processos que tratam da matéria. O Supremo Tribunal Federal (STF) reconheceu a repercussão geral da matéria, que se encontra sob julgamento no Tema 1095:

> Recurso extraordinário em que se discute, à luz dos artigos 1º, inciso III, 5º, 6º, 195, § 5º, 201 e 203 da Constituição Federal, bem como dos artigos 1º, 5º e 28 da Convenção Internacional sobre os Direitos das Pessoas com Deficiência, a constitucionalidade da extensão do adicional de 25% a outros benefícios previdenciários, além da aposentadoria por invalidez.

— 5.2.9 —
Cessação do benefício e a mensalidade de recuperação

Aquele aposentado por incapacidade que regressar ao trabalho terá seu benefício imediatamente cancelado, a partir da data de seu retorno. Ademais, uma vez verificada a recuperação da capacidade de trabalho, o benefício será cessado, observando-se o seguinte procedimento, conforme previsão do art. 47 da Lei n. 8.213/1991:

> I – quando a recuperação ocorrer dentro de 5 (cinco) anos, contados da data do início da aposentadoria por invalidez ou do auxílio-doença que a antecedeu sem interrupção, o benefício cessará:
>
> a) de imediato, para o segurado empregado que tiver direito a retornar à função que desempenhava na empresa quando se

aposentou, na forma da legislação trabalhista, valendo como documento, para tal fim, o certificado de capacidade fornecido pela Previdência Social; ou

b) após tantos meses quantos forem os anos de duração do auxílio-doença ou da aposentadoria por invalidez, para os demais segurados;

II – quando a recuperação for parcial, ou ocorrer após o período do inciso I, ou ainda quando o segurado for declarado apto para o exercício de trabalho diverso do qual habitualmente exercia, a aposentadoria será mantida, sem prejuízo da volta à atividade:

a) no seu valor integral, durante 6 (seis) meses contados da data em que for verificada a recuperação da capacidade;

b) com redução de 50% (cinquenta por cento), no período seguinte de 6 (seis) meses;

c) com redução de 75% (setenta e cinco por cento), também por igual período de 6 (seis) meses, ao término do qual cessará definitivamente. (Brasil, 1991b)

Por fim, vale trazer à tona o art. 50 do Decreto n. 10.410/2020, que assim dispõe:

§ 1º Observado o disposto no art. 167, caso haja requerimento de novo benefício durante os períodos a que se refere o art. 49, caberá ao segurado optar por um dos benefícios, assegurada a opção pelo benefício mais vantajoso.

§ 2º Na hipótese de opção pelo recebimento de novo benefício nos termos do disposto no § 1º, cuja duração se encerre antes da cessação do benefício decorrente do disposto no art. 49, o pagamento deste poderá ser restabelecido pelo período remanescente, respeitadas as reduções correspondentes. (Brasil, 2020a)

Vale dizer que, estando em recebimento de mensalidade de recuperação, poderá o segurado requerer auxílio por incapacidade temporária e, uma vez deferido, será dada a ele a oportunidade de escolher o benefício mais vantajoso.

— 5.3 —
Auxílio-acidente

Passaremos agora ao auxílio-acidente, benefício de suma importância, dado seu caráter indenizatório e complementar em caso de sequelas decorrentes de acidentes. Na prática, esse direito não é explorado com a atenção devida, de forma que muitas pessoas acabam sequer sabendo da possibilidade de sua concessão.

— 5.3.1 —
Regras gerais

O auxílio-acidente tem caráter indenizatório e está previsto no art. 86 da Lei n. 8.213/1991:

> O auxílio-acidente será concedido, como indenização, ao segurado quando, após consolidação das lesões decorrentes

de acidente de qualquer natureza, resultarem sequelas que impliquem redução da capacidade para o trabalho que habitualmente exercia. (Brasil, 1991b)

Como se vê, a concessão do auxílio-acidente depende da ocorrência de três fatores: (1) caracterização do acidente de qualquer natureza; (2) existência de lesões consolidadas; e (3) sequelas que diminuem a capacidade de trabalho.

Enquanto não houver consolidação das lesões, o segurado não terá direito ao auxílio-acidente, mas ao auxílio por incapacidade temporária.

Devemos destacar que não haverá a concessão do auxílio-acidente nos casos de danos funionais ou de redução da aptidão funcional sem repercussão na capacidade laborativa.

Além disso, o segurado não fará jus ao benefício quando houver mudança de função com readaptação profissional promovida pela empresa, como medida preventiva, em decorrência de inadequação do local de trabalho.

— 5.3.2 —
Grau de diminuição da capacidade de trabalho

Uma questão bem polêmica se refere ao grau de diminuição da capacidade de trabalho para fins de recebimento de benefício.

De um lado, o INSS entende que é possível a concessão do benefício apenas nas hipóteses previstas no regulamento da previdência social, em especial as situações identificadas no Anexo III do Decreto n. 3.048/1999.

De outro lado, a jurisprudência se inclina no sentido de que é possível a concessão do benefício mesmo sendo mínima a redução da capacidade laboral. Segundo o entendimento do STJ a respeito desse assunto:

> PREVIDENCIÁRIO. AUXÍLIO-ACIDENTE. DECISÃO DE ORIGEM QUE ENTENDEU NÃO HAVER INCAPACIDADE LABORAL. ACÓRDÃO RECORRIDO EM DISSONÂNCIA COM O ENTENDIMENTO DESTA CORTE. OCORRÊNCIA DE LESÃO MÍNIMA. DIREITO À CONCESSÃO DE BENEFÍCIO. RESP 1109591/SC.
>
> I – A respeito das moléstia em debate, o Tribunal consignou, em relação aos males da coluna, in verbis (fl. 158-159): "Pretendeu o autor concessão de auxílio acidente, alegando que sofreu acidente de trabalho, pois enquanto fazia descasca manual de árvores, atingiu seu dedo indicador esquerdo com um facão, causando lesão que atualmente reduz a capacidade para a atividade habitual. Conforme perícia judicial de fls. 85-86, o segurado apresenta sequela de traumatismo de membro superior, havendo perda de massa muscular falangiana e média com anquilose parcial da articulação média e total da distal do segundo quirodáctilo esquerdo. De acordo com o Sr. Perito, há redução da capacidade do uso do dedo em 20%, computando uma perda total de 2%. Embora o expert tenha concluído pela limitação funcional, considerando que a lesão é mínima, e que o autor não exerce atividade que demande destreza manual,

eis que era ajudante de colheita e atualmente está desempregado, não vislumbro a existência de redução da capacidade para o trabalho." II – A sentença havia concedido o benefício ante a conclusão de que a perícia havia relatado a incapacidade parcial do recorrente de forma permanente, relacionada à moléstias do trabalho.

III – No acórdão recorrido há o reconhecimento da lesão, bem como da sequela. Entretanto, o benefício foi negado por não se vislumbrar redução da capacidade para o trabalho.

IV – Sabe-se que o magistrado não está adstrito ao laudo pericial podendo, em decisão fundamentada, decidir de forma diversa.

V – No caso dos autos, os argumentos utilizados para infirmar a perícia, quais sejam, a atividade exercida pelo obreiro de ajudante de colheita, bem como o fato do trabalhador estar desempregado, não encontram guarida na jurisprudência desta e. Corte, a qual entende devido o benefício quando houver redução da capacidade laborativa, ainda que mínima.

VI – Nesse sentido, o seguinte precedente julgado sob o rito do art. 543-C do CPC/73, in verbis: REsp 1109591/SC, Rel. Ministro CELSO LIMONGI (DESEMBARGADOR CONVOCADO DO TJ/SP), TERCEIRA SEÇÃO, julgado em 25/08/2010, DJe 08/09/2010. VII – Agravo interno improvido. (AgInt no AREsp 1280123/RS, Rel. Ministro FRANCISCO FALCÃO, SEGUNDA TURMA, julgado em 06/09/2018, DJe 03/10/2018)

— 5.3.3 —
Início do benefício

O auxílio-acidente se inicia na data de encerramento do auxílio por incapacidade temporária. Caso não tenha sido antecedido deste, o auxílio-acidente será devido a partir do requerimento.

— 5.3.4 —
Cumulação com salários e outras aposentadorias

O auxílio-acidente não impede a pessoa de trabalhar e de receber salários. No entanto, o auxílio-acidente não pode ser cumulado com qualquer outra aposentadoria.

Se a pessoa que estiver recebendo o auxílio-acidente se aposentar, o benefício será cancelado.

— 5.3.5 —
O auxílio-acidente não mantém a qualidade de segurado

Nós já vimos as regras de manutenção e de perda da qualidade de segurado. De forma geral, o cidadão que recebe benefício previdenciário mantém a qualidade de segurado, independentemente de contribuições. A única exceção, contudo, se dá na hipótese em que o indivíduo recebe o auxílio-acidente. Desse modo, o fato de estar em gozo desse benefício não garante ao sua qualidade de segurado necessária para fins de acesso a outros ditos previdenciários. Assim, o cidadão que recebe auxílio-acidente não mantém a qualidade de segurado.

— 5.4 —
Benefício de Prestação Continuada (BPC)

Embora o título da presente obra seja *Manual de direito previdenciário*, não podemos deixar de abordar o benefício assistencial, que é gerido pelo INSS e fonte de grande judicialização perante a Justiça Federal. Vamos a ele.

— 5.4.1 —
Previsão constitucional e legal

A Constituição Federal (Brasil, 1988), em seu art. 203, trata da assistência social, ramo da seguridade social voltado ao atendimento das pessoas que dela necessitam, independentemente de contribuição. O art. 203, inciso V, da Constituição Federal prevê que é garantido o benefício mensal de um salário-mínimo "à pessoa portadora de deficiência e ao idoso que comprovem não possuir meios de prover à própria manutenção ou de tê-la provida por sua família, conforme dispuser a lei" (Brasil, 1988).

A Lei Orgânica da Assistência Social (Loas) – Lei n. 8.742, 7 de dezembro de 1993 (Brasil, 1993b) regulamenta o art. 203, inciso V, da Constituição Federal, por meio do seu art. 20, prevendo o chamado *Benefício de Prestação Continuada* (BPC).

— 5.4.2 —
Requisitos subjetivos

Nos termos do *caput* do art. 20 da Lei n. 8.742/1993, o benefício no valor de um salário-mínimo é cabível ao idoso com 65 anos ou mais e à pessoa com deficiência.

Embora o Estatuto do Idoso – Lei n. 10.741, de 1º de outubro de 2003 (Brasil, 2003c) – considere idosa a pessoa com 60 anos ou mais, não há qualquer inconstitucionalidade em se prever o cabimento do benefício assistencial a partir dos 65 anos, dado o princípio constitucional da seletividade. A propósito, o próprio art. 34 do Estatuto do Idoso estabelece que o BPC será cabível ao idoso com 65 anos ou mais.

Ressaltamos que a idade de 65 anos, incluída na Lei n. 10.741/2003 e fixada pela Lei n. 12.435, de 6 de julho de 2011 (Brasil, 2011a), representa um avanço em relação à redação original, que indicava 70 anos.

— 5.4.3 —
Requisito de renda

Nos termos da Lei n. 8.742/1993, art. 20, parágrafo 3º, "considera-se incapaz de prover a manutenção da pessoa com deficiência ou idosa a família cuja renda mensal **per capita** seja: I – inferior a um quarto do salário-mínimo" (Brasil, 1993b, grifo do original).

Conforme o parágrafo 14 do mesmo artigo o BPC ou o benefício previdenciário no valor de até um salário-mínimo concedido a idoso acima de 65 anos de idade ou a pessoa com deficiência não será computado para o cálculo da renda familiar.

— 5.4.4 —
Necessidade de inscrição no Cadastro Nacional de Informações Sociais)

Conforme estabelece a Lei n. 8.742/1993, art. 20, parágrafo 12,

> São requisitos para a concessão, a manutenção e a revisão do benefício as inscrições no Cadastro de Pessoas Físicas (CPF) e no Cadastro Único para Programas Sociais do Governo Federal – Cadastro Único. (Brasil, 1993b)

— 5.4.5 —
Conceito de família

O conceito de família adotado pela Lei n. 8.742/1993 é restrito. Conforme a redação do art. 20, parágrafo 1º, da Lei n. 8.742/1993:

> § 1º Para os efeitos do disposto no **caput**, a família é composta pelo requerente, o cônjuge ou companheiro, os pais e, na ausência de um deles, a madrasta ou o padrasto, os irmãos solteiros, os filhos e enteados solteiros e os menores tutelados, desde que vivam sob o mesmo teto. (Brasil, 1993b, grifo do original)

Como podemos perceber, apenas as pessoas indicadas, desde que residam sob o mesmo teto, são consideradas integrantes do grupo familiar para fins de cálculo da renda *per capita*.

— 5.4.6 —
Questões práticas acerca da análise do cabimento do benefício

Como já salientamos, o BPC gera grande judicialização. Esse fenômeno é fruto das condições sociais relacionadas ao desemprego e à inexistência de um sistema que facilite e estimule o trabalhador informal a efetuar o recolhimento das contribuições previdenciárias.

Nesse sentido, inúmeros são os debates e diversas são as nuances acerca da concessão do BPC. Vamos analisar algumas delas.

Família monoparental e cálculo da renda

Há diversas nuances acerca da análise da renda familiar. Por exemplo, a família monoparental residindo sob o mesmo teto não pode ser considerada parte integrante do grupo familiar. É a situação da requerente idosa que mora com a filha e a neta. Embora a filha não seja casada, ela não pode ser considerada solteira, mas sim integrante de família monoparental.

Filho casado

Idêntica são as situações do idoso que vive com filho casado ou do indivíduo casado que vive com irmão com deficiência. Em princípio, a família do filho casado não integrará o cálculo da renda *per capita*.

Presunção relativa acerca da miserabilidade

A Turma Nacional de Uniformização (TNU) já decidiu que o critério de miserabilidade fixado pela Lei n. 8.742/1993 não é absoluto, podendo ser aferido por outro meios de prova. Segundo o Tema 122 da TNU:

> O critério objetivo consubstanciado na exigência de renda familiar per capita inferior a ¼ do salário-mínimo gera uma presunção relativa de miserabilidade, que pode, portanto, ser afastada por outros elementos de prova.

Presunção absoluta acerca da miserabilidade

Por sua vez, o Tribunal Regional Federal da 4ª Região (TRF4), em sede de Incidente de Resolução de Demandas Repetitivas (IRDR), decidiu que, se não houver renda identificada do grupo familiar, existirá uma presunção absoluta de miserabilidade. Conforme o IRDR do TRF4:

> O limite mínimo previsto no art. 20, § 3º, da Lei 8.742/93 ("considera-se incapaz de prover a manutenção da pessoa com deficiência ou idosa a família cuja renda mensal per capita seja inferior a 1/4 (um quarto) do salário-mínimo") gera, para a concessão do benefício assistencial, uma presunção absoluta de miserabilidade.

Meios de comprovação da miserabilidade

Quanto à comprovação da miserabilidade, a TNU decidiu que a prova colhida judicialmente deve ser feita por laudo elaborado por assistente social ou oficial de justiça ou, ainda, por meio de prova testemunhal. Conforme o enunciado da Súmula 79 da TNU:

> Nas ações em que se postula benefício assistencial, é necessária a comprovação das condições socioeconômicas do autor por laudo de assistente social, por auto de constatação lavrado por oficial de justiça ou, sendo inviabilizados os referidos meios, por prova testemunhal.

— 5.4.7 —
Conceito de deficiência

Nos termos do art. 20, parágrafo 2º, da Lei n. 8.742/1993:

> § 2º Para efeito de concessão do benefício de prestação continuada, considera-se pessoa com deficiência aquela que tem impedimento de longo prazo de natureza física, mental, intelectual ou sensorial, o qual, em interação com uma ou mais barreiras, pode obstruir sua participação plena e efetiva na sociedade em igualdade de condições com as demais pessoas.

A Convenção de Nova York

O conceito de deficiência atual foi consolidado pela Convenção Internacional sobre os Direitos das Pessoas com Deficiência, assinada em Nova York em 30 de março de 2007, adotada em nosso ordenamento por meio do Decreto n. 6.949, de 25 de agosto de 2009 (Brasil, 2009), e pela Lei n. 13.146, de 6 de julho de 2015 (Brasil, 2015d) – o Estatuto da Pessoa com Deficiência

A deficiência, portanto, é um conceito que abrange a existência de três elementos: (1) os impedimentos; (2) as barreiras; e (3) a obstrução da participação plena.

Natureza dos impedimentos

Os impedimentos podem ser de natureza física, mental, intelectual ou sensorial. Para fins de concessão do BPC, esses impedimentos devem ser de longo prazo, considerados pela legislação superior a dois anos.

A TNU entende que o impedimento deve ser computado desde a data de seu início, e não apenas a partir do requerimento administrativo.

Barreiras

As barreiras, por sua vez, constituem-se em qualquer entrave, obstáculo, atitude ou comportamento que limite ou impeça a participação social da pessoa, bem como o gozo, a fruição e o exercício de seus direitos à acessibilidade, à liberdade de movimento e de expressão, à comunicação, ao acesso à informação, à compreensão e à circulação com segurança, entre outros elementos.

As barreiras podem ser relacionadas a vários aspectos, como urbanização, arquitetura, transportes, comunicações e informações, atitudes ou mesmo tecnologias.

Conceito individualizado

Destacamos que será considerada deficiente a pessoa com impedimentos e barreiras apenas se houver obstrução de sua participação plena e efetiva na sociedade, em igualdade de condições com os demais indivíduos.

A caracterização da deficiência, portanto, se dá de forma individualizada, e, por imposição constitucional, trazida pela Reforma da Previdência (Emenda Constitucional n. 103/2019), a análise dessa situação deve ser realizada por equipe multiprofissional e interdisciplinar.

— 5.4.8 —
Impossibilidade de cumulação com outros benefícios e caráter personalíssimo

O BPC/Loas é um benefício de caráter personalíssimo, não gerando pensão por morte nem direito a abono anual (décimo-terceiro), assim como não pode ser acumulado com qualquer benefício da seguridade social, nem mesmo o seguro-desemprego ou o auxílio emergencial criados pela Lei n. 13.982, de 2 de abril de 2020 (Brasil, 2020b).

— 5.4.9 —
Concessão a estrangeiros

Quanto à possibilidade de concessão do benefício a estrangeiros, o STF, em lapidar decisão, proferida no RE 587970, Tema 173, considerou que

> os estrangeiros residentes no País são beneficiários da assistência social prevista no artigo 203, inciso V, da Constituição Federal, uma vez atendidos os requisitos constitucionais e legais.

Capítulo 6

Aposentadorias

Ultrapassados os benefícios decorrentes de situação de incapacidade, passaremos agora para as demais aposentadorias.

Vale ressaltar, em primeiro lugar, que a Emenda Constitucional n. 103, de 12 de novembro de 2019 (Brasil, 2019a), a mais recente **Reforma da Previdência**, promoveu profunda mudança no Regime Geral de Previdência Social (RGPS). Uma das principais alterações foi a eliminação da tradicional aposentadoria por tempo de contribuição.

Não é mais possível, a partir do dia seguinte ao da publicação dessa emenda, aposentar-se apenas mediante o tempo de contribuição. Em todas as aposentadorias, há a necessidade de cumprimento do requisito etário. Existe, porém, uma única exceção: a aposentadoria por tempo de contribuição da pessoa com deficiência, conforme previsão da Lei Complementar n. 142, de 8 de maio de 2013 (Brasil, 2013b), única hipótese no sistema de aposentadoria sem a influência do requisito etário.

Nesse sentido, antes da Reforma da Previdência, era comum que fossem diferenciadas as aposentadorias por idade e por tempo de contribuição. Agora, o INSS tem se utilizado a expressão *aposentadoria programada*.

As espécies de aposentadorias que analisaremos são as seguintes: a) aposentadoria programada; b) aposentadoria programada do professor; c) aposentadoria por idade rural; d) aposentadoria híbrida; e) aposentadoria especial; e f) aposentadoria da pessoa com deficiência.

Antes de iniciarmos os estudos sobre cada uma delas, é necessário um outro esclarecimento acerca das regras de transição estabelecidas pela Emenda Constitucional n. 103/2019. Para aquelas pessoas que já estavam filiadas ao RGPS até 13 de novembro de 2019, ou seja, até a data da emenda, foram estabelecidas regras de transição com o intuito de amenizar os drásticos impactos das mudanças no sistema. Essas medidas valem por algum tempo, até se mostrarem idênticas às novas regras.

As novas regras foram estabelecidas pela Emenda Constitucional n. 103/2019 em caráter transitório, ou seja, até uma nova lei disciplinar a matéria. Vale ressaltar que Lei n. 8.213/1991 ainda não foi atualizada nos termos da Reforma da Previdência. Apenas o Decreto n. 10.410/2020 promoveu a atualização do Decreto n. 3.048/1999, como vimos anteriormente.

— 6.1 —
Aposentadoria programada

Podemos considerar a expressão *aposentadoria programada* uma inovação na legislação previdenciária. Vamos estudá-la.

— 6.1.1 —
Requisitos gerais

Não encontramos a expressão *aposentadoria programada* no texto da Lei n. 8.213, de 24 de julho de 1991 (Brasil, 1991b). A expressão encontra-se no Decreto n. 3.048, de 6 de maio de

1999 (Brasil, 1999), atualizado pelo Decreto n. 10.410, de 30 de junho de 2020 (Brasil, 2020).

Em resumo, a aposentadoria por idade, passou a ser chamada *programada* e depende do implemento da idade, fixado em 65 anos para homens e em 62 anos para mulheres.

Quanto ao tempo de contribuição, são exigidos 20 anos de contribuição para os homens e 15 para as mulheres. A carência é de 180 contribuições.

— 6.1.2 —
Regras de transição

A Emenda Constitucional n. 103/2019 previu quatro regras de transição para a aposentadoria por tempo de contribuição. Todas elas exigem o cumprimento do tempo mínimo de 30 anos de contribuição para mulheres e de 35 anos para homens, associado a critérios que levam em consideração a idade, exceção feita à regra do art. 17.

No art. 15, a regra 1 estabelece, além do tempo de contribuição que destacamos, a necessidade de cumprimento de uma pontuação mínima, que corresponde ao somatório do tempo de contribuição, medido em dias, mais a idade da pessoa. Esse sistema de pontuação parte do valor de 86 para mulheres e de 96 para homens e vai aumentando um ponto por ano, até atingir o limite de 100 pontos para mulheres e de 105 para homens.

A regra de transição 2, prevista no art. 16, estabelece, além do tempo de contribuição mínimo (30 anos para mulheres e 35 anos para homens), uma idade progressiva que parte de 56 anos para mulheres e de 61 anos para homens. A partir de 2020, essa idade aumenta 6 meses por ano até o limite de 62 anos para mulheres e de 65 anos para homens.

O art. 17 Emenda Constitucional n. 103/2019 prevê a única regra de transição que não leva em consideração a idade. Porém, há uma condição: para conseguir se valer dessa regra, o segurado deveria ter cumprido, por ocasião da publicação da Emenda Constitucional n. 103/2019, o tempo mínimo de contribuição de 28 anos para mulheres e de 33 anos para homens. Cumprida essa condição, a regra de transição estabelece que a aposentadoria poderá ocorrer após o cumprimento do tempo de contribuição de 30 anos para mulheres e de 35 anos para homens, adicionado de um pedágio, que corresponde a uma proporção do tempo que faltava para se aposentar no momento da publicação da Emenda Constitucional n. 103/2019, no importe de 50%.

A regra de transição 4, prevista no art. 20, estabelece uma idade fixa, de 57 anos para mulheres, de 60 anos para homens e o mesmo tempo de contribuição mínimo associado a um pedágio de 100% do tempo que faltava para se aposentar. Em contrapartida, o valor do benefício será equivalente a 100% da média aritmética.

A Emenda Constitucional n. 103/2019 prevê regra de transição para a aposentadoria por idade prevista originalmente na Lei n. 8.213/1991. Até então, os requisitos eram 180 contribuições

(15 anos) de carência e idade de 60 anos para mulheres e de 65 anos para homens. Para a transição, serão somados 6 meses por ano às idades das mulheres até completar 62 anos. Para os homens, não há modificação.

— 6.2 —
Aposentadoria programada do professor

A aposentadoria do professor pode ser considerada especialíssima, porquanto segue regras diferenciadas, não enquadráveis na regra geral, tampouco naquelas relativas à aposentadoria especial. Nesse sentido, o constituinte procura seguir uma tradição de respeito e prestígio à atividade do professor.

— 6.2.1 —
Regras gerais

Para o professor, o tempo de contribuição de exclusivo magistério infantil, fundamental ou médio é de 25 anos para mulheres e homens, com redução da idade de 5 anos.

Assim, para a aposentadoria do professor vinculado ao RGPS é necessária a idade mínima de 57 anos para mulheres e de 60 para homens.

Devemos notar que o professor universitário não goza desse tratamento diferenciado.

— 6.2.2 —
Regras de transição

Em relação aos professores, as regras de transição estabelecidas nos arts. 15, 16 e 20 da Emenda Constitucional n. 103/2019 são aplicáveis, com a redução de cinco anos na idade e no tempo de contribuição. Não se aplica aos professores a regra de transição prevista no art. 17 Emenda Constitucional n. 103/2019, consistente na regra do pedágio de 50%.

Quanto à regra do art. 15 da Emenda Constitucional n. 103/2019, para o valor dos pontos, correspondente ao somatório de idade e de tempo de contribuição, a contagem terá início em 81 pontos para mulheres e em 91 pontos para homens, atingindo seu fim em 92 pontos para mulheres e em 100 pontos para homens.

Na regra de transição 2, do art. 16 da Emenda Constitucional n. 103/2019, que trata de idade progressiva e do tempo de contribuição mínimo, a idade parte de 51 anos para mulheres e de 56 anos para homens, evoluindo 6 meses a cada ano, atingindo seu limite em 57 anos para elas e em 60 anos para eles. Portanto, em 2019, ano da promulgação da Emenda Constitucional n. 103/2019, para a professora, por exemplo, a idade mínima para aposentadoria por essa regra era de 51 anos. Em 2020, a idade passou para 51 anos e 6 meses. E assim por diante, evoluindo 6 meses por ano até atingir o limite de idade de 57 anos.

Na regra de transição do art. 20, que estabelece a idade fixa e o pedágio de 100%, a idade fixa é de 52 anos para mulheres e de 55 anos para homens, e o tempo mínimo de contribuição é de 25 anos para elas e de 30 para eles.

— 6.3 —
Aposentadoria por idade rural

O trabalhador rural dispõe de um regime de aposentadoria diferenciado, conforme estabelece o art. 201, parágrafo 7º, inciso II, da Constituição Federal (Brasil, 1988), com redação dada pela Emenda Constitucional n. 103/2019. O mesmo dispositivo constitucional estende esse regime de aposentadoria aos que atuam em regime de economia familiar, incluídos o produtor rural, o garimpeiro e o pescador artesanal.

Nos termos da legislação previdenciária, esse segurado deve preencher dois requisitos, quais sejam: (1) cumprir a carência exigida; e (2) ter completado 60 anos de idade, se homem, e 55 anos de idade, se mulher, na forma do art. 201, parágrafo 7º, inciso II, da Constituição Federal, com redação dada pela Emenda Constitucional n. 103/2019 combinada com o art. 39 da Lei n. 8.213/1991.

A carência nesse caso é de 180 meses. Contudo, não há necessidade de comprovação do recolhimento das contribuições, bastando a comprovação do exercício da atividade. Além disso, a atividade rural (ou garimpo ou pesca), nos termos da lei, deve ter sido exercida no período imediatamente anterior ao benefício, ainda que de forma descontinuada.

Quanto ao período de exercício da atividade rural, a jurisprudência entende que o período em que foi exercido o trabalho rural pode ser imediatamente anterior ao requerimento ou, também, imediatamente anterior ao implemento do requisito etário. Vejamos a Súmula 54 da Turma Nacional de Uniformização (TNU):

> Para a concessão de aposentadoria por idade de trabalhador rural, o tempo de exercício de atividade equivalente à carência deve ser aferido no período imediatamente anterior ao requerimento administrativo ou à data do implemento da idade mínima.

Conforme entendimento do Superior Tribunal de Justiça (STJ), o lapso máximo admitido sem atividade rural para que seja considerado cumprido o requisito imediatamente é o equivalente ao máximo período de graça previsto para a manutenção da qualidade de segurado, ou seja, 36 meses.

Assim, admite-se a concessão da aposentadoria rural, mesmo se o segurado tenha deixado de exercer essa atividade em um período de até 36 meses antes do requerimento ou do implemento do requisito etário.

— 6.4 —
Aposentadoria híbrida

A partir da edição da Lei n. 11.718, de 20 de junho de 2008 (Brasil, 2008a), que alterou o art. 48, parágrafo 3º, da Lei n. 8.213/1991, passou a ser possível a concessão de aposentadoria por idade mediante o cômputo de períodos urbanos e rurais para fins de composição da carência, porém sem o redutor de 5 anos.

Devemos observar que, para a concessão do benefício, é irrelevante o caráter da atividade desempenhada pelo segurado no momento do pedido, conforme entendimento da TNU, no Tema 131. Além disso, é possível o aproveitamento de período de trabalho rural remoto, exercido antes de 1991, para fins de concessão da espécie, conforme decidido pelo STJ no julgamento do Tema 1007, que fixou a seguinte tese:

> O tempo de serviço rural, ainda que remoto e descontínuo, anterior ao advento da Lei 8.213/1991, pode ser computado para fins da carência necessária à obtenção da aposentadoria híbrida por idade, ainda que não tenha sido efetivado o recolhimento das contribuições, nos termos do art. 48, § 3º. da Lei 8.213/1991, seja qual for a predominância do labor misto exercido no período de carência ou o tipo de trabalho exercido no momento do implemento do requisito etário ou do requerimento administrativo.

É importante acrescentar que, mesmo após a Emenda Constitucional n. 103/2019, o Instituto Nacional do Seguro Social (INSS) vem admitindo a chamada *aposentadoria híbrida*. Contudo, a autarquia não aplica a regra de transição prevista no art. 18, parágrafo 1º, do referido documento, de modo que, mesmo após a Reforma da Previdência, os homens serão aposentados aos 65 anos de idade e as mulheres, aos 60 anos, desde que seja cumprida a carência de 180 meses.

— 6.5 —

Aposentadoria especial

A aposentadoria especial apresenta uma característica marcante: gerar muitas dúvidas em todos os operadores do direito previdenciário. Esse fenômeno ocorre primordialmente por conta das diferenças entre a legislação trabalhista e a previdenciária, bem como pelo fato de envolver matéria técnica pouco acessível aos profissionais do direito. Vamos a sua análise.

— 6.5.1 —

Regras gerais

A aposentadoria especial é uma das mais desafiadoras de nosso sistema. De um lado, sua finalidade é proteger a integridade e a saúde do cidadão. Está prevista no art. 201, parágrafo 1º, inciso II, da Constituição Federal, com redação atualizada pela Emenda Constitucional n. 103/2019, nos seguintes termos:

> Art. 201. A previdência social será organizada sob a forma do Regime Geral de Previdência Social, de caráter contributivo e de filiação obrigatória, observados critérios que preservem o equilíbrio financeiro e atuarial, e atenderá, na forma da lei, a
>
> I - cobertura dos eventos de incapacidade temporária ou permanente para o trabalho e idade avançada;
>
> § 1º É vedada a adoção de requisitos ou critérios diferenciados para concessão de benefícios, ressalvada, nos termos de lei complementar, a possibilidade de previsão de idade e tempo de contribuição distintos da regra geral para concessão de aposentadoria exclusivamente em favor dos segurados:
>
> [...]
>
> II - cujas atividades sejam exercidas com efetiva exposição a agentes químicos, físicos e biológicos prejudiciais à saúde, ou associação desses agentes, vedada a caracterização por categoria profissional ou ocupação; (Brasil, 2019b)

Na redação original da Lei n. 8.213/1991, a aposentadoria especial era concedida da seguinte maneira:

> Art. 57. A aposentadoria especial será devida, uma vez cumprida a carência exigida nesta Lei, ao segurado que tiver trabalhado sujeito a condições especiais que prejudiquem a saúde ou a integridade física, durante 15 (quinze), 20 (vinte) ou 25 (vinte e cinco) anos, conforme dispuser a lei. (Brasil, 1991b)

Conforme a Reforma da Previdência, a aposentadoria especial passou a se sujeitar também ao elemento idade, respeitado o direito adquirido em relação àqueles que preencheram os requisitos para obtenção do benefício antes dessa legislação.

Aqueles que ingressaram no sistema após a edição da Reforma da Previdência (Emenda Constitucional n. 103/2019) terão de cumprir as idades respectivas de 55, 58 ou 60 anos a depender se a atividade admite uma exposição a agentes nocivos no importe de 15, 20 ou 25 anos.

Como podemos perceber a aposentadoria especial é uma exceção à regra de vedação de tratamento diferenciado estabelecida no art. 201, parágrafo 1º, da Constituição Federal.

— 6.5.2 —
Regras de transição

Como regra de transição, ou seja, para aqueles que já se encontravam no sistema antes do advento da Reforma da Previdência, foi estabelecido um sistema de pontos nos seguintes termos: a pontuação a ser cumprida, entendida como a soma da idade e do tempo de contribuição, é, respectivamente, de 66, 76 e 86 pontos, dependendo se o tempo de exposição na atividade for estabelecido como de 15, 20 ou 25 anos.

Vale destacar que essa pontuação é fixa, não evolui, como vimos no caso da aposentadoria programada comum.

— 6.5.3 —
Conversão em tempo comum

Até a edição da Emenda Constitucional n. 103/2019, era possível a conversão de tempo especial em comum, de forma a ampliar o tempo de contribuição para fins de aposentadoria. Com a Reforma da Previdência, além de exterminada a aposentadoria por tempo de contribuição, também foi proibida a conversão do tempo especial em comum.

Assim, o tempo especial exercido após a Emenda Constitucional n. 103/2019 só poderá ser assim computado para fins de concessão da aposentadoria especial, pelo menos até uma decisão do Supremo Tribunal Federal (STF) em sentido contrário. Segundo a Emenda Constitucional n. 103/2019, art. 25, parágrafo 2º:

> § 2º Será reconhecida a conversão de tempo especial em comum, na forma prevista na Lei nº 8.213, de 24 de julho de 1991, ao segurado do Regime Geral de Previdência Social que comprovar tempo de efetivo exercício de atividade sujeita a condições especiais que efetivamente prejudiquem a saúde, cumprido até a data de entrada em vigor desta Emenda Constitucional, vedada a conversão para o tempo cumprido após esta data.

Nos termos do parágrafo 3º do art. 57 da Lei n. 8.213/1991, a concessão da aposentadoria especial depende da comprovação do tempo de trabalho permanente, não ocasional nem intermitente, em condições especiais que prejudiquem a saúde ou a integridade física.

— 6.5.4 —
Obrigatoriedade de afastamento da atividade após aposentadoria especial

Conforme o art. 57, parágrafo 8º, da Lei n. 8.213/1991, aquele que se aposentar nas condições do *caput* desse artigo, ou seja, aquele que obtiver a aposentadoria especial, deve se afastar da atividade que exerce. Essa regra foi objeto de impugnação perante o STF, que a julgou constitucional, conforme o Tema 709.

— 6.5.5 —
Relação dos agentes nocivos

Nos termos do *caput* do art. 58 da Lei n. 8.213/1991,

> A relação dos agentes nocivos químicos, físicos e biológicos ou associação de agentes prejudiciais à saúde ou à integridade física considerados para fins de concessão da aposentadoria especial de que trata o artigo anterior será definida pelo Poder Executivo. (Brasil, 1991b)

Tais condições estão elencadas no Anexo IV do Decreto n. 3.048/1999 nos seguintes termos:

> a) quinze anos: trabalhos em mineração subterrânea, em frentes de produção, com exposição à associação de agentes físicos, químicos ou biológicos;
>
> b) vinte anos: i) trabalhos com exposição ao agente químico asbesto (amianto); ii) trabalhos em mineração subterrânea, afastados das frentes de produção com exposição a associação de agentes;
>
> c) vinte e cinco anos: todos demais casos, como, por exemplo,todos os agentes físicos, dentre eles ruído, vibrações, bem como os agentes químicos em geral.

— 6.5.6 —
Comprovação da atividade especial

Vale lembrar que a regulamentação da aposentadoria especial deve ser feita por lei complementar. Porém, enquanto não sobrevier tal regulamento valem as regras conferidas pela Lei n. 8.213/1991, com as ressalvas dadas pela Emenda Constitucional n. 103/2019.

Assim, para analisar a aposentadoria especial, é necessário recorrer aos textos da Emenda Constitucional n. 103/2019 e do Decreto n. 10.410/2020, que atualizou o Decreto n. 3.048/1999, conforme os termos da referida Emenda Constitucional. Nesse sentido, a Lei n. 8.213/1991, em sua redação atual, encontra-se desatualizada e não pode ser base plena para compreensão do instituto.

Nos termos do art. 58, parágrafo 1º, da Lei n. 8.213/1991:

> § 1º A comprovação da efetiva exposição do segurado aos agentes nocivos será feita mediante formulário, na forma estabelecida pelo Instituto Nacional do Seguro Social - INSS, emitido pela empresa ou seu preposto, com base em laudo técnico de condições ambientais do trabalho expedido por médico do trabalho ou engenheiro de segurança do trabalho nos termos da legislação trabalhista. (Brasil, 1991b)

Nos termos do parágrafo 2º do mesmo artigo 58 da Lei n. 8.213/1991:

> Do laudo técnico referido deverão constar informação sobre a existência de tecnologia de proteção coletiva ou individual que diminua a intensidade do agente agressivo a limites de tolerância e recomendação sobre a sua adoção pelo estabelecimento respectivo. (Brasil, 1991b)

Além disso, conforme o parágrafo 4º do mesmo artigo 58 da Lei n. 8.213/1991:

> A empresa deverá elaborar e manter atualizado perfil profissiográfico abrangendo as atividades desenvolvidas pelo trabalhador e fornecer a este, quando da rescisão do contrato de trabalho, cópia autêntica desse documento. (Brasil, 1991b)

O Perfil Profissiográfico Previdenciário (PPP) consiste no documento histórico-laboral do trabalhador que reúne, entre outras informações, dados administrativos, registros ambientais e resultados de monitoração biológica durante todo o período em que o indivíduo exerceu suas atividades, referências sobre as condições e as medidas de controle da saúde ocupacional de todos os trabalhadores da empresa, além da comprovação da efetiva exposição dos empregados a agentes nocivos e sua eventual neutralização pela utilização de equipamentos de proteção individual (EPI).

— 6.6 —
Aposentadoria da pessoa com deficiência

As pessoas com deficiência têm direito a dois tipos diversos de aposentadoria, conforme regulamentação dada pela Lei Complementar n. 142/2013.

Antes de adentrarmos nessas duas modalidades, é importante dizer que a Reforma da Previdência expressamente estendeu o regime previsto na Lei Complementar n. 142/2013 também aos servidores públicos, suprindo uma grande lacuna no sistema.

São basicamente duas as formas de aposentadoria da pessoa com deficiência: (1) por tempo de contribuição; a (2) por idade.

— 6.6.1 —
Aposentadoria por tempo de contribuição da pessoa com deficiência

Conforme art. 3º da Lei Complementar n. 142/2013, é garantida a concessão de aposentadoria pelo RGPS ao segurado com deficiência, observadas as seguintes condições, a variar de acordo com o grau de deficiência:

> I – aos 25 (vinte e cinco) anos de tempo de contribuição, se homem, e 20 (vinte) anos, se mulher, no caso de segurado com deficiência grave;
>
> II – aos 29 (vinte e nove) anos de tempo de contribuição, se homem, e 24 (vinte e quatro) anos, se mulher, no caso de segurado com deficiência moderada;
>
> III – aos 33 (trinta e três) anos de tempo de contribuição, se homem, e 28 (vinte e oito) anos, se mulher, no caso de segurado com deficiência leve;
>
> IV – aos 60 (sessenta) anos de idade, se homem, e 55 (cinquenta e cinco) anos de idade, se mulher, independentemente do grau de deficiência, desde que cumprido tempo mínimo de contribuição de 15 (quinze) anos e comprovada a existência de deficiência durante igual período.

— 6.6.2 —
Aposentadoria por idade da pessoa com deficiência

Conforme a legislação terá direito à aposentadoria por idade, a pessoa com deficiência que completar 60 anos de idade, se for homem, e 55 anos de idade, se for mulher, independentemente do grau de deficiência.

O período de carência é de 15 anos de contribuição. Além disso, deve ser comprovada a existência da deficiência por igual período.

Capítulo 7

*Benefícios devidos
aos dependentes e decorrentes
de encargos familiares*

Encerrada a análise dos os benefícios devidos aos segurados, passaremos para a outra ponta do sistema de proteção social, qual seja, a dos benefícios devidos aos dependentes e aqueles decorrentes de encargos familiares.

— 7.1 —
Pensão por morte

Adentraremos, agora, na seara dos benefícios devidos aos dependentes. São eles: pensão por morte e auxílio-reclusão.

— 7.1.2 —
Introdução

Nos termos do art. 201, inciso V, da Constituição Federal (Brasil, 1988), garante-se a "pensão por morte do segurado, homem ou mulher, ao cônjuge ou companheiro e dependentes", assegurado o valor não inferior ao salário-mínimo. Quando um segurado do Regime Próprio de Previdência Social (RGPS) vem a óbito, a depender do preenchimento das condições legais, poderá ser concedido a seus dependentes o benefício da pensão por morte, a qual se encontra regulada nos arts. 74 a 79 da Lei n. 8.213, de 24 de julho de 1991 (Brasil, 1991b). Porém, há importantes mudanças decorrentes da Lei n. 13.846, de 18 de junho de 2019 (Brasil, 2019d) e da Reforma da Previdência – Emenda Constitucional n. 103, de 12 de novembro de 2019 (Brasil, 2019b)

–, de modo que, em vários aspectos, a Lei n. 8.213/1991, por si só, encontra-se defasada. Recomendamos o estudo da pensão por morte também por meio do Decreto n. 3.048, de 6 de maio de 1999 (Brasil, 1999), atualizado pelo Decreto n. 10.410, de 30 de junho de 2020 (Brasil, 2020a).

Quanto aos dependentes, trata-se de tema já abordado no início desta obra. Vale ressaltar que o exercício de atividade remunerada, inclusive na condição de microempreendedor individual (MEI), não impede a concessão ou a manutenção da parte individual da pensão do dependente com deficiência intelectual, mental ou grave, mantendo-se a presunção de dependência econômica.

— 7.1.3 —
Data de início do benefício

A pensão por morte será devida ao conjunto dos dependentes do segurado que falecer, aposentado ou não, conforme art. 74 da Lei n. 8.213/1991, podendo contar a partir das seguintes datas:

> I – do óbito, quando requerida em até 180 (cento e oitenta) dias após o óbito, para os filhos menores de 16 (dezesseis) anos, ou em até 90 (noventa) dias após o óbito, para os demais dependentes;
>
> II – do requerimento, quando requerida após o prazo previsto no inciso anterior;
>
> III – da decisão judicial, no caso de morte presumida. (Brasil, 1991b)

— 7.1.4 —
Carência

A pensão por morte, nos termos do art. 30 da Lei n. 8.213/1991, não depende de carência.

Porém, com a Lei n. 13.135, de 17 de junho de 2015 (Brasil, 2015b), o legislador tornou mais rigorosos os requisitos para concessão da pensão por morte. Isso porque havia muitas fraudes e esse tipo de pensão gerar muitos gastos para a previdência social.

Nesse sentido, a Lei n. 13.135/2015 impôs um prazo limitado de concessão da pensão por morte para o cônjuge ou o companheiro, de apenas quatro meses, caso o segurado falecido não tenha efetuado 18 recolhimentos durante sua vida laboral. Devemos notar que essa exigência de 18 contribuições não se configura como carência, porque não impede a concessão do benefício, mas ele será severamente limitado.

— 7.1.5 —
Prazo de duração da pensão

A morte do pensionista enseja o encerramento do benefício para ele.

Em relação aos filhos menores de 21 anos, bem como para os equiparados a filhos, a pensão por morte perdurará até que eles atinjam essa idade. Vale ressaltar que a jurisprudência é pacífica no sentido de impossibilidade de extensão da pensão por morte no RGPS até os 24 anos.

Para o filho (ou o equiparado a filho) inválido ou com deficiência intelectual, mental ou grave, a pensão perdurará enquanto ele mantiver as mesmas condições, apenas cessando se for afastada a invalidez ou a deficiência.

Nos termos do Decreto n. 3.048/1999, em se tratando de adoção, o filho adotado perde o direito à pensão que eventualmente recebia dos pais biológicos.

No caso de cônjuges e companheiros, há algumas regras a serem observadas. Em primeiro lugar, se a pensão decorrer de morte por acidente, doença profissional ou do trabalho, a cessação acontecerá apenas com o óbito do cônjuge ou do companheiro. Se este for inválido ou com deficiência mental, intelectual ou grave, a pensão perdurará enquanto for mantida tal condição.

Afastadas essas hipóteses, a pensão terá um prazo limitado de duração, dependendo da idade do cônjuge ou do companheiro e da presença de dois outros requisitos: (1) o mínimo de 18 contribuições por parte do segurado falecido; (2) o mínimo de 2 anos de duração do casamento ou da união estável. Caso não cumpridos esses dois requisitos, a pensão por morte perdurará por apenas 4 meses.

Além disso, a legislação estabeleceu um mecanismo de ajuste da idade, conforme ocorra o aumento da expectativa de sobrevida da população. Segundo o dispositivo legal, Lei n. 8.213/1991, art. 77, parágrafo 2º-B:

> § 2º-B. Após o transcurso de pelo menos 3 (três) anos e desde que nesse período se verifique o incremento mínimo de um

ano inteiro na média nacional única, para ambos os sexos, correspondente à expectativa de sobrevida da população brasileira ao nascer, poderão ser fixadas, em números inteiros, novas idades para os fins previstos na alínea "c" do inciso V do § 2º, em ato do Ministro de Estado da Previdência Social, limitado o acréscimo na comparação com as idades anteriores ao referido incremento. (Brasil, 1991b)

Desde o dia 1º de janeiro de 2021, houve um ajuste na tabela de idades, dada a constatação do aumento da expectativa de sobrevida da população. Assim, com a atualização dada pela **Portaria n. 424, de 29 de dezembro de 2020** (Brasil, 2020d), art. 1º, a pensão por morte terá os seguintes prazos de duração conforme a idade do cônjuge ou do companheiro no momento do óbito, desde que cumpridos os requisitos relativos aos 2 anos de duração do casamento ou da união estável e 18 contribuições do falecido:

I – três anos, com menos de vinte e dois anos de idade;

II – seis anos, entre vinte e dois e vinte e sete anos de idade;

III – dez anos, entre vinte e oito e trinta anos de idade;

IV – quinze anos, entre trinta e um e quarenta e um anos de idade;

V – vinte anos, entre quarenta e dois e quarenta e quatro anos de idade;

VI – vitalícia, com quarenta e cinco ou mais anos de idade. (Brasil, 2020d)

— 7.1.6 —
Outras hipóteses de perda do direito à pensão

Conforme art. 74, parágrafo 1º, da Lei de Benefícios (Lei n. 8.213/1991, § 1º), perde

> o direito à pensão por morte o condenado criminalmente por sentença com trânsito em julgado, como autor, coautor ou partícipe de homicídio doloso, ou de tentativa desse crime, cometido contra a pessoa do segurado, ressalvados os absolutamente incapazes e os inimputáveis. (Brasil, 1991b)

Além disso, na forma do art. 74, parágrafo 2º, da mesma lei:

> § 2º Perde o direito à pensão por morte o cônjuge, o companheiro ou a companheira, caso comprovada, a qualquer tempo, simulação ou fraude no casamento ou na união estável, ou a formalização desses com o fim exclusivo de constituir benefício previdenciário, apuradas em processo judicial no qual será assegurado o direito ao contraditório e à ampla defesa. (Brasil, 1991b)

A hipótese citada no art. 74, parágrafo 2º, da Lei n. 8.213/1991, é o típico caso da pessoa contratada pela família para trabalhar como cuidadora de um idoso e que acaba sendo reconhecida como companheira para fins de recebimento da pensão por morte como forma de pagamento pelo período em que trabalhou.

Por fim, em caso de separação judicial com fixação de alimentos temporários, o benefício cessará com o decurso do prazo fixado pelo juiz para recebimento de pensão alimentícia para o ex-cônjuge ou o ex-companheiro ou a ex-companheira, caso não incida outra hipótese de cancelamento anterior desse direito.

— 7.1.7 —
Habilitação dos dependentes

É importante trazermos à tona essa regra relativa à existência de vários dependentes com direito a pensão, por exemplo, a companheira e um filho menor de 21 anos de outro relacionamento.

Nos termos da legislação, a concessão da pensão por morte não será protelada pela falta de habilitação de outro possível dependente, e qualquer qualificação posterior que importe em exclusão ou inclusão de dependente somente produzirá efeito a contar da data de sua confirmação.

Recentemente, a Turma Nacional de Uniformização (TNU) de jurisprudência dos Juizados Especiais Federais decidiu que, mesmo sendo habilitação de filho menor de 21 anos, o benefício será devido apenas a partir da habilitação. Conforme texto do TNU, Tema 223. "O dependente absolutamente incapaz faz jus à pensão por morte desde o requerimento administrativo, na forma do art. 76 da Lei 8.213/91, e percebendo benefício, do mesmo ou de outro grupo familiar".

— 7.1.8 —
Rateio e irreversibilidade das cotas

Independentemente da condição do dependente – menor, inválido ou ex-cônjuge – que recebia pensão alimentícia, a pensão por morte será rateada em partes iguais.

De outro lado, uma vez cessada a pensão para um dependente, sua cota não será revertida para os demais. Trata-se de importante mudança trazida pela Emenda Constitucional n. 103/2019. A única exceção se dá na hipótese de que o número de dependentes remanescentes seja igual ou superior a cinco. Nesse caso, a pensão por morte continuará em 100%, de forma que, na prática, haverá a reversão da cota para os demais dependentes.

— 7.1.9 —
Concessão temporária de pensão por morte

A pensão ainda poderá ser concedida, em caráter provisório, por morte presumida, conforme art. 112 do Decreto n. 3.048/1999, incisos I e II:

> I – mediante sentença declaratória de ausência, expedida por autoridade judiciária, a contar da data de sua emissão; ou
>
> II – em caso de desaparecimento do segurado por motivo de catástrofe, acidente ou desastre, a contar da data da ocorrência, mediante prova hábil.

Verificado o reaparecimento do segurado, o pagamento da pensão cessa imediatamente, ficando os dependentes desobrigados da reposição dos valores recebidos, salvo má-fé.

— 7.1.10 —
Suspensão temporária da pensão por morte

É possível que a pensão por morte seja suspensa, conforme art. 77, parágrafo 7º, da Lei de Benefícios, o que ocorrerá na hipótese de haver fundados indícios de autoria, coautoria ou participação de dependente, ressalvados os absolutamente incapazes e os inimputáveis, em homicídio, ou em tentativa desse crime, cometido contra a pessoa do segurado (Brasil, 1991b).

A suspensão se dará por meio de processo administrativo próprio, respeitados os direitos à ampla defesa e ao contraditório, e, na hipótese de absolvição, serão devidas as parcelas corrigidas desde a data da suspensão e a reativação imediata do benefício.

— 7.2 —
Auxílio-reclusão

Junto com a pensão por morte, o auxílio-reclusão é um benefício voltado exclusivamente para os dependentes. Trata-se de um dos mais polêmicos e, também, um dos que mais sofreram restrições desde sua criação.

— 7.2.1 —
Regras gerais

O auxílio-reclusão se trata de benefício devido aos dependentes do segurado considerado de baixa renda, e, em princípio, sua concessão se dá nos mesmos moldes da pensão por morte. A carência para o auxílio-reclusão, desde a Medida Provisória n. 871, de 18 de janeiro de 2019 (Brasil, 2019g), é de 24 meses.

O auxílio-reclusão é cabível aos dependentes do segurado que se encontra preso em regime fechado e que não esteja em gozo de qualquer outro benefício.

Conforme estabeleceu o Decreto n. 10.410/2020, considera-se segurado de baixa renda:

> aquele que tenha renda bruta mensal igual ou inferior a R$ 1.425,56 (um mil quatrocentos e vinte e cinco reais e cinquenta e seis centavos), corrigidos pelos mesmos índices de reajuste aplicados aos benefícios do RGPS, calculada com base na média aritmética simples dos salários de contribuição apurados no período dos doze meses anteriores ao mês do recolhimento à prisão.
>
> 2º O requerimento do auxílio-reclusão será instruído com certidão judicial que ateste o recolhimento efetivo à prisão e será obrigatória a apresentação de prova de permanência na condição de presidiário para a manutenção do benefício. (Brasil, 2020a)

— 7.2.2 —
Data do início do benefício

A data de início do auxílio-reclusão será, conforme art. 116, parágrafo 4º, do Decreto n. 10.410/2020:

> I – a do efetivo recolhimento do segurado à prisão, se o benefício for requerido no prazo de cento e oitenta dias, para os filhos menores de dezesseis anos, ou de noventa dias, para os demais dependentes; ou
>
> II – a do requerimento, se o benefício for requerido após a que se refere o inciso I. (Brasil, 2020a)

— 7.2.3 —
Período de duração do benefício

O auxílio-reclusão será devido somente durante o período em que o segurado estiver recolhido à prisão sob regime fechado.

— 7.2.4 —
Fuga do preso

Em caso de fuga do recluso, o benefício será suspenso e, se houver recaptura do indivíduo, o benefício será restabelecido a contar da data em que essa ação ocorrer, desde que esteja ainda mantida a qualidade de segurado.

— 7.3 —
Salário-maternidade

Outra contingência prevista pela Constituição Federal a ser tutelada pelo sistema previdenciário é a maternidade. Com o salário-maternidade, o legislador pretende promover a proteção tanto da mãe quanto da criança. Passaremos ao estudo desse benefício.

— 7.3.1 —
Requisitos gerais

O salário-maternidade, segundo dispõe o art. 71 da Lei de Benefícios (Lei n. 8.213/1991), "é devido à segurada da Previdência Social, durante 120 (cento e vinte) dias, com início no período entre 28 (vinte e oito) dias antes do parto e a data da ocorrência deste" (Brasil, 1991b). O benefício também é devido à pessoa que adotar ou obtiver guarda judicial para fins de adoção.

— 7.3.2 —
Carência

Os prazos de carência para o recebimento do benefício encontram-se previstos nos art. 25 e 26 da Lei n. 8.213/1991. Para seguradas empregadas, empregadas domésticas e trabalhadoras avulsas, não há carência (art. 26, inciso VI). Para as demais, inclusive a segurada especial, o período é de 10 meses (art. 25, inciso III), podendo ser reduzido em caso de parto antecipado, no montante equivalente ao número de meses em que houve antecipação (art. 26, parágrafo único).

— 7.3.3 —
Impossibilidade de pagamento para mais de um segurado

Ressalvado o pagamento do salário-maternidade à mãe biológica e a hipótese de falecimento, não poderá ser concedido o benefício a mais de um segurado, decorrente do mesmo processo de adoção ou guarda, ainda que os cônjuges ou companheiros estejam submetidos a um RGPS.

— 7.3.4 —
Falecimento da segurada

No caso de falecimento da segurada que fizer jus ao recebimento do salário-maternidade, o benefício será pago, por todo o período ou pelo tempo restante a que teria direito, ao cônjuge ou ao companheiro sobrevivente que tenha a qualidade de segurado. Nesse caso, o pagamento do benefício deverá ser requerido até o último dia do prazo previsto para o término do salário-maternidade originário. Contudo, caso ocorra o falecimento do filho ou seu abandono, não será cabível o direito.

— 7.3.5 —
Necessidade de afastamento do trabalho

A percepção do salário-maternidade, em qualquer hipótese, está condicionada ao afastamento da segurada do trabalho ou da atividade desempenhada, sob pena de suspensão do benefício.

— 7.3.6 —
Responsabilidade pelo pagamento

No caso de segurada empregada, cabe à empresa pagar o salário-maternidade, efetivando-se a compensação, na forma do art. 248 da Constituição Federal, quando do recolhimento das contribuições incidentes sobre a folha de salários e demais rendimentos pagos ou creditados, a qualquer título, à pessoa física que lhe preste serviço. A empresa deverá conservar durante 10 (dez) anos os comprovantes dos pagamentos e os atestados correspondentes para exame pela fiscalização da previdência social.

O salário-maternidade devido à trabalhadora avulsa e à empregada de microempreendedor individual (MEI) de que trata o art. 18-A da Lei Complementar n. 123, de 14 de dezembro de 2006 (Brasil, 2006a), será pago diretamente pela previdência social.

— 7.3.7 —
Segurada em situação de desemprego

O Instituto Nacional do Seguro Social (INSS) costumava indeferir o benefício na situação de desemprego da segurada. Até que a Medida Provisória n. 871/2019 (Brasil, 2019) corrigiu esse problema, passando a prever a concessão do benefício para a mãe desempregada desde que mantida a qualidade de segurado, na forma do art. 15 da Lei n. 8.213/1991.

— 7.3.8 —
Extensão do benefício pelo período de internação da mãe ou do bebê

A Turma Regional de Uniformização (TRU) do Tribunal Regional Federal da 4ª Região (TRF4), recentemente, consolidou o entendimento segundo o qual é possível prorrogar o benefício de salário-maternidade quando o nascimento da criança decorrer de parto prematuro:

> PREVIDENCIÁRIO. INCIDENTE DE UNIFORMIZAÇÃO REGIONAL. SALÁRIO-MATERNIDADE. PARTO PREMATURO. INTERNAÇÃO EM UTI NEONATAL. PRORROGAÇÃO DO BENEFÍCIO. POSSIBILIDADE QUANDO DEMONSTRADA A INDISPENSABILIDADE DO CUIDADO MATERNO. INCIDENTE PROVIDO.
>
> 1. Firmada a tese de que, em que pese a inexistência de previsão legal específica, é possível, mediante a relativização das normas infraconstitucionais previdenciárias, a prorrogação

do benefício de salário-maternidade pelo prazo correspondente à internação hospitalar em unidade de terapia intensiva neonatal do recém-nascido, em decorrência de parto prematuro, quando demonstrada a indispensabilidade do cuidado materno no período imediatamente seguinte à alta hospitalar.
2. Incidente conhecido e provido, com o retorno dos autos à Turma Recursal de origem, para adequação. (5002059-47.2017.4.04.7107, TURMA REGIONAL DE UNIFORMIZAÇÃO DA 4ª REGIÃO, Relator FERNANDO ZANDONÁ, juntado aos autos em 11/05/2018)

Além disso, na Ação Direta de Inconstitucionalidade (ADI 6327), foi reconhecida a possibilidade de extensão do salário-maternidade pelo prazo de internação da mãe e/ou do bebê. Vale a pena conferir a ementa do julgado:

> REFERENDO DE MEDIDA CAUTELAR. AÇÃO DIRETA DE INCONSTITUCIONALIDADE. ADI. IMPUGNAÇÃO DE COMPLEXO NORMATIVO QUE INCLUI ATO ANTERIOR À CONSTITUIÇÃO. FUNGIBILIDADE. ADPF. ARGUIÇÃO DE DESCUMPRIMENTO DE PRECEITO FUNDAMENTAL. REQUISITOS PRESENTES. CONHECIMENTO. PROBABILIDADE DO DIREITO. PROTEÇÃO DEFICIENTE. OMISSÃO PARCIAL. MÃES E BEBÊS QUE NECESSITAM DE INTERNAÇÃO PROLONGADA. NECESSIDADE DE EXTENSÃO DO PERÍODO DE LICENÇA-MATERNIDADE E DE PAGAMENTO DE SALÁRIO-MATERNIDADE NO PERÍODO DE 120 DIAS POSTERIOR À ALTA. PROTEÇÃO À MATERNIDADE E À INFÂNCIA COMO DIREITOS SOCIAIS FUNDAMENTAIS. ABSOLUTA PRIORIDADE DOS DIREITOS

DAS CRIANÇAS. DIREITO À CONVIVÊNCIA FAMILIAR. MARCO LEGAL DA PRIMEIRA INFÂNCIA. ALTA HOSPITALAR QUE INAUGURA O PERÍODO PROTETIVO. (ADI 6327 MC-Ref, Relator(a): EDSON FACHIN, Tribunal Pleno, julgado em 03/04/2020, PROCESSO ELETRÔNICO DJe-154 DIVULG 18-06-2020 PUBLIC 19-06-2020)

— 7.3.9 —
Segurada gestante aposentada

A pessoa que se aposenta e volta a trabalhar deve continuar a recolher para a previdência social, não tendo direito a nenhum benefício, exceto o salário-maternidade, o salário-família e a reabilitação profissional.

— 7.3.10 —
Salário-maternidade *versus* licença-maternidade

Conforme o art. 392 da Consolidação das Leis do Trabalho (CLT) – Decreto-Lei n. 5.452, de 1º de maio de 1943 (Brasil, 1943) –, "A empregada gestante tem direito à licença-maternidade de 120 (cento e vinte) dias, sem prejuízo do emprego e do salário".

Nos termos da Lei n. 13.301, de 27 de junho de 2016 (Brasil, 2016b), essa licença será de 180 dias no caso das mães de crianças acometidas por sequelas neurológicas decorrentes de doenças transmitidas pelo mosquito transmissor do vírus da dengue, do vírus da chicungunha e do vírus da zika, assegurado, nesse período, o recebimento de salário-maternidade previsto no art. 71 da Lei n. 8.213/1991, devido à segurada especial, à contribuinte individual, à facultativa e à trabalhadora avulsa.

O prazo de afastamento pode ser estendido por 60 dias, diante da criação do Programa "Empresa Cidadã", por meio da Lei n. 11.770, de 9 de setembro de 2008 (Brasil, 2008b), por meio de concessão de incentivo fiscal às empresas que se inscreverem nesse programa e desde que requerida pela empregada até um mês após o parto, sendo garantida também à trabalhadora que adotar ou obtiver guarda judicial para fins de adoção de criança.

A empresa tributada com base no lucro real poderá deduzir do imposto devido o total da remuneração integral da empregada paga nos 60 dias de prorrogação da licença-maternidade. Portanto, as companhias que não são tributadas pelo lucro real ficam excluídas do programa. Os entes federativos podem, mediante ato próprio, ampliar o benefício de licença-maternidade para 180 dias. Frisamos que essa prorrogação pelo programa Empresa Cidadã não tem natureza de benefício previdenciário.

A segurada empregada tem direito à estabilidade da confirmação da gravidez até cinco meses após o parto – Ato das Disposições Constitucionais Transitórias (ADCT) da Constituição Federal, art. 10, inciso II, alínea "b" – e a empregada doméstica também – Lei n. 5.859, de 11 de dezembro de 1972 (Brasil, 1972), art. 4º-A, e Lei Complementar n. 150, de 1º de junho de 2015 (Brasil, 2015c), art. 25 –, sendo que, nos casos em que ocorrer o falecimento da genitora, a estabilidade será assegurada a quem detiver a guarda da criança – Lei Complementar n. 146, de 25 de junho de 2014 (Brasil, 2014b).

— 7.3.11 —
Salário-maternidade para menor

Conforme decidiu o Superior Tribunal de Justiça (STJ), o não preenchimento da idade exigida para a filiação ao RGPS como segurada especial não constitui óbice à concessão de salário-maternidade à jovem menor de dezesseis anos impelida a exercer trabalho rural em regime de economia familiar, uma vez que a legislação, ao vedar o trabalho infantil, teve por escopo a proteção da criança e do adolescente, não podendo tal vedação ser arguida em seu prejuízo (REsp 1.440.024-RS, DJe 28/8/2015).

— 7.3.12 —
Cessação do benefício

A cessação do benefício ocorre nos seguintes casos:
1. Após 120 dias da data de início, sendo, em caso de aborto não criminoso, depois de duas semanas.
2. Em decorrência do óbito da segurada.
3. Se a segurada voltar a desenvolver atividade remunerada vinculada ao RGPS, enquanto estiver recebendo o salário-maternidade.

— 7.4 —
Salário-família

Outra contingência protegida pelo constituinte é a família. O art. 7º da Constituição Federal garante, em seu inciso XII, o pagamento de salário-família ao trabalhador de baixa renda que possuir dependentes, conforme contornos estabelecidos pela lei. Do mesmo modo, o art. 201, inciso IV, da Constituição Federal prevê o pagamento do salário-família dentro do sistema previdenciário.

— 7.4.1 —
Regra geral

O salário-família encontra-se previsto no art. 65 e seguintes da Lei n. 8.213/1991 e "será devido, mensalmente, ao segurado empregado, inclusive o doméstico, e ao segurado trabalhador avulso, na proporção do respectivo número de filhos" (Brasil, 1991b) ou dos equiparados a filhos, conforme a disciplina dos dependentes vista anteriormente.

Além disso, o aposentado por invalidez ou por idade e os demais aposentados com 65 anos ou mais de idade, se forem do sexo masculino, ou com 60 anos ou mais, se forem do sexo feminino, terão direito ao salário-família, a ser pago juntamente com a aposentadoria.

— 7.4.2 —
Documentação necessária

Com exceção do empregado doméstico, que só precisa apresentar certidão de nascimento dos filhos ou equiparados, os demais segurados devem, além desse documento mostrar atestado de vacinação obrigatória e de comprovação de frequência à escola do filho ou do equiparado a filho, conforme dispõe o art. 67 da Lei n. 8.213/1991:

> Art. 67. O pagamento do salário-família é condicionado à apresentação da certidão de nascimento do filho ou da documentação relativa ao equiparado ou ao inválido, e à apresentação anual de atestado de vacinação obrigatória e de comprovação de frequência à escola do filho ou equiparado, nos termos do regulamento. (Brasil, 1991b)

— 7.4.3 —
Responsabilidade pelo pagamento

Na forma do art. 68, da Lei n. 8.213/1991, "As cotas do salário-família serão pagas pela empresa ou pelo empregador doméstico, mensalmente, junto com o salário, efetivando-se a compensação quando do recolhimento das contribuições" (Brasil, 1991b), conforme o regulamento da previdência social.

— 7.4.4 —
Obrigatoriedade de conservação dos documentos

Os documentos devem ser conservados pela empresa ou pelo empregador doméstico durante 10 anos para fiscalização da previdência social.

— 7.4.5 —
Não incorporação para outros fins

Conforme art. 70 da Lei n. 8.213/1991, "A cota do salário-família não será incorporada, para qualquer efeito, ao salário ou ao benefício" (Brasil, 1991b).

Capítulo 8

Outros temas fundamentais em matéria previdenciária e assistencial

O sistema de proteção social não se resume à definição de benefícios. Há uma complexidade administrativa e uma série de situações que dependem também de regulamentação. Analisaremos agora alguns desses importantes temas, todos com grande repercussão na prática previdenciária.

— 8.1 —
Habilitação e reabilitação profissional

A habilitação e a reabilitação profissional e social são serviços prestados pelo Instituto Nacional do Seguro Social (INSS) e deverão proporcionar ao beneficiário incapacitado parcial ou totalmente para o trabalho e às pessoas portadoras de deficiência os meios para a (re)educação e a (re)adaptação profissional e social para a participação no mercado profissional conforme o contexto em que os segurados vivem.

A reabilitação do trabalhador compreende, conforme a Lei de Benefícios – Lei n. 8.213, de 24 de julho de 1991 (Brasil, 1991) –, em seu art. 89:

> a) o fornecimento de aparelho de prótese, órtese e instrumentos de auxílio para locomoção quando a perda ou redução da capacidade funcional puder ser atenuada por seu uso e dos equipamentos necessários à habilitação e reabilitação social e profissional;

b) a reparação ou a substituição dos aparelhos mencionados no inciso anterior, desgastados pelo uso normal ou por ocorrência estranha à vontade do beneficiário;

c) o transporte do acidentado do trabalho, quando necessário.

A reabilitação é obrigatória para os segurados, inclusive aposentados, e, conforme as possibilidades do órgão da previdência social, aos seus dependentes. (Brasil, 1991b)

A legislação prevê que será auxílio para tratamento ou exame fora do domicílio do beneficiário e, uma vez concluído o processo de habilitação ou reabilitação social e profissional, a previdência social emitirá certificado individual, indicando as atividades que poderão ser exercidas pelo beneficiário, sem impedimento para que este exerça outra atividade para a qual se capacitar.

No caso das empresas com 100 ou mais empregados, há a obrigatoriedade de contratação de parte de seu corpo de colaboradores com beneficiários reabilitados ou com pessoas com deficiência habilitadas, na seguinte proporção, conforme a Lei n. 8.213/1991, art. 93:

I – até 200 empregados..2%;
II – de 201 a 500...3%;
III – de 501 a 1.000...4%;
IV – de 1.001 em diante..5%. (Brasil, 1991b)

Ainda, conforme parágrafo 1º, do art. 93 da Lei n. 8.213/1991:

> § 1º A dispensa de pessoa com deficiência ou de beneficiário reabilitado da Previdência Social ao final de contrato por prazo determinado de mais de 90 (noventa) dias e a dispensa imotivada em contrato por prazo indeterminado somente poderão ocorrer após a contratação de outro trabalhador com deficiência ou beneficiário reabilitado da Previdência Social. (Brasil, 1991b)

— 8.2 —
Cálculo dos benefícios previdenciários

Discutiremos agora um assunto mais árido, porém absolutamente necessário: cálculo dos benefícios previdenciários.

— 8.2.1 —
Introdução

O art. 26 da Reforma da Previdência – Emenda Constitucional n. 103, de 12 de novembro de 2019 (Brasil, 2019b) – define as novas regras de cálculo dos benefícios previdenciários – as quais vigorarão até lei nova dispor em sentido contrário.

Um dos pilares da Reforma da Previdência foi justamente a modificação das regras de cálculo, que se tornaram muito mais gravosas. Os outros dois pilares foram as regras relativas à pensão por morte e à fixação de idade mínima para a aposentadoria.

— 8.2.2 —
Valor da aposentadoria programada

Conforme o referido artigo da Emenda Constitucional n. 103/2019, a base de cálculo dos benefícios corresponde à média aritmética simples dos salários de contribuição e das remunerações adotados para contribuições ao regime de previdência, relativamente a todo o período contributivo, desde a competência, em julho de 1994, ou desde o início das contribuições, caso tenham sido iniciadas depois de julho de 1994, atualizadas monetariamente.

Devemos notar que, antes da Reforma da Previdência, a base de cálculo era a média aritmética correspondente a 80% do período contributivo, com descarte de 20% das menores contribuições. Agora, isso não ocorre mais. Todas as contribuições são levadas em consideração.

Extraída a referida média aritmética, o benefício, como regra geral, consiste na soma correspondente a 60% desse valor, mais 2% ao ano que exceder o total de 15 anos de contribuição para mulheres e 20 anos de contribuição para homens.

Assim, a mulher que contribuiu 30 anos para a previdência social, aos 62 anos de idade irá se aposentar (aposentadoria programada) com a seguinte renda: 60% da média aritmética mais 30%, o que equivale a 2% vezes 15 anos, ou seja, o tempo que continuou contribuindo além dos 15 anos. No caso do homem, com os mesmos 30 anos de contribuição, sua aposentadoria consistirá em 80% da média.

Vale lembrar que não há limite para o percentual citado, de modo que, se o homem trabalhou e contribuiu por 50 anos, ele receberá 60%, mais 2% por ano que exceder 20 anos, ou seja, 110% da média aritmética. Trata-se de uma situação que não havia no sistema anterior, em que não era possível a concessão de valor superior a 100% da média.

Em relação à regra de transição do art. 20 da Emenda Constitucional n. 103/2019, que exige idade fixa (57 anos para mulheres e 60 anos para homens) e tempo de contribuição (30 anos para ela e 35 anos para eles), o benefício equivale a 100% da média.

De outra forma, no tocante à regra de transição do art. 17 da Emenda Constitucional n. 103/2019 – que ocorre na hipótese em que a pessoa estava muito próxima da aposentadoria quando da publicação da Reforma da Previdência, bastando cumprir o pedágio de 50% do tempo restante do que faltaria para se aposentar pela regra anterior – a aposentadoria é calculada com base na redação da Lei n. 8.213/1991, ou seja, com a aplicação de média de 80% do período contributivo e incidência de fator previdenciário.

— 8.2.3 —
Valor do auxílio por incapacidade temporária

O auxílio por incapacidade temporária tem valor equivalente a 91% da média obtida com base na regra do art. 26 da Emenda Constitucional n. 103/2019. É importante notar que esse benefício, nos moldes atuais, pode ter o valor superior ao da própria aposentadoria por incapacidade permanente. Isso porque incide 91% sobre a média, não sendo utilizada a fração de 60%, mais 2% ao ano que exceda 15 ou 20 anos de contribuição, conforme a regra geral.

— 8.2.4 —
Valor da aposentadoria por incapacidade permanente

Diferentemente do auxílio por incapacidade temporária, aplica-se a regra geral de cálculo para a aposentadoria por incapacidade permanente. Essa forma de cálculo tem gerado muitas críticas, pois o mesmo cidadão, se estivesse em uma situação mais grave, receberia benefício menor do que se estivesse em condições um pouco melhores, de incapacidade temporária para o trabalho.

Há, contudo, exceções em relação às quais o valor do benefício é de 100% da média aritmética relativa a todo o período contributivo. São os casos de incapacidade decorrente de acidente, doença do trabalho ou doença profissional.

— 8.2.5 —
Valor do auxílio-acidente

O auxílio-acidente equivale a 50% da média aritmética referida na Seção 5.3 deste livro, ou seja, 50% sobre a média aritmética calculada sobre todo o período contributivo do indivíduo.

— 8.2.6 —
Valor da aposentadoria do professor

A aposentadoria do professor segue as mesmas regras de cálculo das demais aposentadorias programadas.

— 8.2.7 —
Valor da aposentadoria por idade rural

Para a aposentadoria por idade, o valor equivale a 70% do salário de benefício, mais 1% por grupo de 12 contribuições até atingir o máximo de 30%.

Por sua vez, a aposentadoria por idade rural prevista no art. 39 da Lei n. 8.213/1991, em que não se exige a comprovação do recolhimento das contribuições, é concedida no valor de um salário-mínimo.

— 8.2.8 —
Valor da aposentadoria híbrida

No caso de aposentadoria por idade híbrida, também o benefício é conferido conforme regra geral das aposentadorias programadas, sendo computado o valor do período de segurado especial como de contribuição mínima.

— 8.2.9 —
Valor da aposentadoria especial

A aposentadoria especial segue as mesmas regras de cálculo das demais aposentadorias programadas. Vale salientar que antes da Reforma da Previdência, essa modalidade de aposentadoria conferia o direito a cálculo em conformidade a 100% da média aritmética calculada.

— 8.2.10 —
Valor da aposentadoria da pessoa com deficiência

As regras de cálculo para as aposentadorias da pessoa com deficiência estão previstas na Lei Complementar n. 142, de 8 de maio de 2013 (Brasil, 2013b), nos termos do art. 8º:

> Art. 8º A renda mensal da aposentadoria devida ao segurado com deficiência será calculada aplicando-se sobre o salário de benefício, apurado em conformidade com o disposto no art. 29 da Lei nº 8.213, de 24 de julho de 1991, os seguintes percentuais:
>
> I – 100% (cem por cento), no caso da aposentadoria de que tratam os incisos I, II e III do art. 3º; ou
>
> II – 70% (setenta por cento) mais 1% (um por cento) do salário de benefício por grupo de 12 (doze) contribuições mensais até o máximo de 30% (trinta por cento), no caso de aposentadoria por idade. (Brasil, 2013b)

Como se vê, quando se trata da aposentadoria por tempo de contribuição da pessoa com deficiência, o valor é equivalente a 100% do salário de benefício, calculado nos termos do art. 29 da Lei n. 8.213/1991.

Para a aposentadoria por idade, o benefício equivale a 70% do salário de benefício, mais 1% por grupo de 12 contribuições até atingir o máximo de 30%.

Há uma polêmica sobre o salário de benefício a servir como base para o percentual. Como vimos em trecho anterior, a Lei Complementar n. 142/2013 dispõe que o salário de benefício é calculado com base no art. 29 da Lei n. 8.213/1991. Esse dispositivo, contudo, foi superado pela regra do art. 26 da Emenda Constitucional n. 103/2019, que estabelece uma nova forma de cálculo, mais gravosa aos segurados. A dúvida é se deve ser aplicada a regra do art. 26 da Emenda Constitucional n. 103/2019 ou a regra original do art. 29 da Lei n. 8.213/1991. Certamente, essa questão desafiará os tribunais.

— 8.2.11 —
Valor do salário-maternidade

O salário-maternidade para a segurada empregada ou trabalhadora avulsa consiste numa renda mensal igual a sua remuneração integral.

Por se tratar de benefício substituto de remuneração, o salário-maternidade não pode ser inferior ao salário-mínimo, por força do que dispõe o artigo 201, parágrafo 2º, da Constituição Federal (Brasil, 1988).

Na forma do art. 73 da Lei n. 8.213/1991, para as demais seguradas, pago diretamente pela previdência social, o salário-maternidade consistirá:

I – em um valor correspondente ao do seu último salário-de-contribuição, para a segurada empregada doméstica;

II – em um doze avos do valor sobre o qual incidiu sua última contribuição anual, para a segurada especial;

III – em um doze avos da soma dos doze últimos salários-de-contribuição, apurados em um período não superior a quinze meses, para as demais seguradas. (Brasil, 1991b)

Em caso de falecimento do beneficiário, bem como ao adotante ou ao segurado que detém a guarda, conforme o art. 71-B da Lei n. 8.213/1991, o benefício será calculado sobre:

I – a remuneração integral, para o empregado e trabalhador avulso;

II – o último salário-de-contribuição, para o empregado doméstico;

III – 1/12 (um doze avos) da soma dos 12 (doze) últimos salários de contribuição, apurados em um período não superior a 15 (quinze) meses, para o contribuinte individual, facultativo e desempregado; e

IV – o valor do salário mínimo, para o segurado especial. (Brasil, 1991b)

— 8.2.12 —
Valor do salário-família

A Reforma da Previdência estabeleceu que o valor do salário-família é de R$ 46,54 (quarenta e seis reais e cinquenta e quatro centavos), até que nova lei venha a disciplinar a matéria.

Quanto ao pagamento, se o salário não for mensal, o salário-família será disponibilizado juntamente com o último pagamento relativo ao mês.

Esse valor é atualizado anualmente, segundo os mesmos critérios de reajuste para os benefícios previdenciários em geral. Em 2021, o valor do salário-família é de R$ 51,27, conforme Portaria SEPRT/ME n. 477, de 12 de janeiro de 2021.

— 8.2.13 —
Valor da pensão por morte

Conforme a Emenda Constitucional n. 103/2019 e o Decreto n. 10.410, de 30 de junho de 2020 (Brasil, 2020a), a pensão por morte consiste na renda mensal equivalente a uma cota familiar de 50% do valor da aposentadoria recebida pelo segurado ou daquela a que ele teria direito se fosse aposentado por incapacidade permanente na data do óbito, acrescida de cotas de 10% por dependente, até o máximo de 100%.

Em caso de dependente inválido ou com deficiência intelectual, mental ou grave, o valor da pensão por morte é equivalente a cem por cento do valor da aposentadoria recebida pelo segurado ou daquela a que ele teria direito se fosse aposentado por incapacidade.

A Reforma da Previdência conferiu, ainda, uma flexibilidade ao valor da pensão por morte, que poderá ser modificado a depender do advento das seguintes circunstâncias, bem capturadas pelo Decreto n. 10.410/2020, que conferiu a seguinte redação ao art. 106, parágrafo 3º, do Decreto n. 3.048, de 6 de maio de 1999 (Brasil, 1999):

> I – [se] a invalidez ou deficiência intelectual, mental ou grave sobrevier à data do óbito, enquanto estiver mantida a qualidade de dependente; ou
>
> II – deixar de haver dependente inválido ou com deficiência intelectual, mental ou grave. (Brasil, 1999)

— 8.2.14 —
Pensão por morte e acumulação de benefícios

O art. 24 da Emenda Constitucional n. 103/2019 prevê hipóteses de vedação de acumulação de pensão. Assim, veda-se a

> acumulação de mais de uma pensão por morte deixada por cônjuge ou companheiro, no âmbito do mesmo regime de previdência social, ressalvadas as pensões do mesmo instituidor decorrentes do exercício de cargos acumuláveis na forma do art. 37 da Constituição Federal. (Brasil, 2019b)

Conforme parágrafo 1º do art. 24 da Emenda Constitucional n. 103/2019, é admitida a acumulação de:

> I – pensão por morte deixada por cônjuge ou companheiro de um regime de previdência social com pensão por morte concedida por outro regime de previdência social ou com

pensões decorrentes das atividades militares de que tratam os arts. 42 e 142 da Constituição Federal;

II – pensão por morte deixada por cônjuge ou companheiro de um regime de previdência social com aposentadoria concedida no âmbito do Regime Geral de Previdência Social ou de regime próprio de previdência social ou com proventos de inatividade decorrentes das atividades militares de que tratam os arts. 42 e 142 da Constituição Federal; ou

III – pensões decorrentes das atividades militares de que tratam os arts. 42 e 142 da Constituição Federal com aposentadoria concedida no âmbito do Regime Geral de Previdência Social ou de regime próprio de previdência social. (Brasil, 2019b)

O art. 24 trouxe um mecanismo de ajuste dos valores dos benefícios em caso de acumulação, sistemática que implica, para certos casos, uma redução substancial do valor dos benefícios acumulados.

Por meio do referido artigo, nas hipóteses de acumulação de benefícios, garante-se aquele de valor mais vantajoso. Porém, em relação aos demais direitos, o valor total deles terá mais um limitador.

Com efeito, a composição do limite da segunda pensão ou aposentadoria ocorre por meio de faixas, estabelecidas do seguinte modo, conforme art. 24, parágrafo 2º, incisos I a IV, da **Emenda Constitucional n. 103/2019:**

I – 60% (sessenta por cento) do valor que exceder 1 (um) salário-mínimo, até o limite de 2 (dois) salários-mínimos;

II – 40% (quarenta por cento) do valor que exceder 2 (dois) salários-mínimos, até o limite de 3 (três) salários-mínimos;

III – 20% (vinte por cento) do valor que exceder 3 (três) salários-mínimos, até o limite de 4 (quatro) salários-mínimos; e

IV – 10% (dez por cento) do valor que exceder 4 (quatro) salários-mínimos. (Brasil, 2019b)

Essa composição pode ser revista a qualquer tempo e não atinge os casos em que os requisitos foram preenchidos anteriormente à publicação da Emenda Constitucional n. 103/2019, por força da cláusula do direito adquirido.

— 8.2.15 —
Valor do auxílio-reclusão

O auxílio-reclusão, conforme estabelece a própria Emenda Constitucional n. 103/2019, será concedido no valor do salário-mínimo vigente.

Ultrapassados os benefícios previdenciários, veremos agora outras normas importantes do sistema previdenciário, todas com grande repercussão prática.

— 8.3 —
Contagem recíproca

A contagem recíproca de tempo de contribuição já foi mencionada neste livro (Seção 3.2.3). A Reforma da Previdência trata do assunto, incluindo o artigo 201, parágrafos 9 e 9-A, ao texto constitucional.

Do mesmo modo, a Lei n. 8.213/1991 estabelece, em seu art. 94, que, para efeito dos benefícios previstos no Regime Geral de Previdência Social (RGPS) ou no serviço público, é assegurada a contagem recíproca do tempo de contribuição na atividade privada, rural e urbana e do tempo de contribuição ou de serviço na administração pública, hipótese em que os diferentes sistemas de previdência social se compensarão financeiramente.

Nos termos do art. 96 da Lei n. 8.213/1991, a contagem recíproca deverá observar as seguintes regras:

> I – não será admitida a contagem em dobro ou em outras condições especiais;
>
> II – é vedada a contagem de tempo de serviço público com o de atividade privada, quando concomitantes;
>
> III – não será contado por um sistema o tempo de serviço utilizado para concessão de aposentadoria pelo outro;
>
> IV – o tempo de serviço anterior ou posterior à obrigatoriedade de filiação à Previdência Social só será contado mediante indenização da contribuição correspondente ao período respectivo, com acréscimo de juros moratórios de zero vírgula

cinco por cento ao mês, capitalizados anualmente, e multa de dez por cento;

V – é vedada a emissão de Certidão de Tempo de Contribuição (CTC) com o registro exclusivo de tempo de serviço, sem a comprovação de contribuição efetiva, exceto para o segurado empregado, empregado doméstico, trabalhador avulso e, a partir de 1º de abril de 2003, para o contribuinte individual que presta serviço a empresa obrigada a arrecadar a contribuição a seu cargo, observado o disposto no § 5º do art. 4º da Lei nº 10.666, de 8 de maio de 2003;

VI – a CTC somente poderá ser emitida por regime próprio de previdência social para ex-servidor;

VII – é vedada a contagem recíproca de tempo de contribuição do RGPS por regime próprio de previdência social sem a emissão da CTC correspondente, ainda que o tempo de contribuição referente ao RGPS tenha sido prestado pelo servidor público ao próprio ente instituidor;

VIII – é vedada a desaverbação de tempo em regime próprio de previdência social quando o tempo averbado tiver gerado a concessão de vantagens remuneratórias ao servidor público em atividade; e

IX – para fins de elegibilidade às aposentadorias especiais referidas no § 4º do art. 40 e no § 1º do art. 201 da Constituição Federal, os períodos reconhecidos pelo regime previdenciário de origem como de tempo especial, sem conversão em tempo comum, deverão estar incluídos nos períodos de contribuição compreendidos na CTC e discriminados de data a data. (Brasil, 1991b)

— 8.4 —
Prescrição e decadência previdenciárias

Outro tema que suscita muitas controvérsias em matéria previdenciária é o da prescrição ou da decadência. Conforme o art. 103 da Lei n. 8.213/1991, que trata desse assunto:

> Art. 103. O prazo de decadência do direito ou da ação do segurado ou beneficiário para a revisão do ato de concessão, indeferimento, cancelamento ou cessação de benefício e do ato de deferimento, indeferimento ou não concessão de revisão de benefício é de 10 (dez) anos, contado:
>
> I – do dia primeiro do mês subsequente ao do recebimento da primeira prestação ou da data em que a prestação deveria ter sido paga com o valor revisto; ou
>
> II – do dia em que o segurado tomar conhecimento da decisão de indeferimento, cancelamento ou cessação do seu pedido de benefício ou da decisão de deferimento ou indeferimento de revisão de benefício, no âmbito administrativo.
>
> Parágrafo único. Prescreve em cinco anos, a contar da data em que deveriam ter sido pagas, toda e qualquer ação para haver prestações vencidas ou quaisquer restituições ou diferenças devidas pela Previdência Social, salvo o direito dos menores, incapazes e ausentes, na forma do Código Civil. (Brasil, 1991b)

Em primeiro lugar, é importante destacar que o chamado *fundo de direito* está sujeito à prescrição ou à decadência. Essa expressão, muito utilizada no universo previdenciário, significa que o segurado ou o dependente não perde o direito ao benefício em razão do decurso do tempo (prescrição ou decadência).

Ocorre que, recentemente, a Lei n. 13.846, de 18 de junho de 2019 (Brasil, 2019c) estabeleceu que o indeferimento administrativo do pedido de benefício previdenciário está sujeito ao prazo decadencial de dez anos, consoante modificação no art. 103 da Lei n. 8.213/1991.

A questão foi lançada para o Supremo Tribunal Federal (STF), que, conforme podemos conferir a seguir, em decisão apertada (6 a 5), na Ação Direta de Inconstitucionalidade (ADI) 6096, julgou inconstitucional a referida modificação:

> AÇÃO DIRETA DE INCONSTITUCIONALIDADE. ADI. DIREITO CONSTITUCIONAL E PREVIDENCIÁRIO. MEDIDA PROVISÓRIA 871/2019. CONVERSÃO NA LEI 13.846/2019. EXAURIMENTO DA EFICÁCIA DE PARTE DAS NORMAS IMPUGNADAS. PERDA PARCIAL DO OBJETO. CONHECIMENTO DOS DISPOSITIVOS ESPECIFICAMENTE CONTESTADOS. ALEGAÇÃO DE PRELIMINARES DE ILEGITIMIDADE ATIVA, IRREGULARIDADE DE REPRESENTAÇÃO PROCESSUAL E PREJUDICIALIDADE SUPERVENIENTE. INEXISTÊNCIA. PRECEDENTES. MÉRITO. ALEGAÇÃO DE INOBSERVÂNCIA DOS REQUISITOS CONSTITUCIONAIS DE RELEVÂNCIA E URGÊNCIA. INEXISTÊNCIA. CONTROLE JUDICIAL DE NATUREZA EXCEPCIONAL QUE PRESSUPÕE DEMONSTRAÇÃO DA INEQUÍVOCA AUSÊNCIA DOS REQUISITOS NORMATIVOS. PRECEDENTES. INCONSTITUCIONALIDADE MATERIAL DO ART. 24 DA LEI

13.846/2019 NO QUE DEU NOVA REDAÇÃO AO ART. 103 DA LEI 8.213/1991. PRAZO DECADENCIAL PARA A REVISÃO DO ATO DE INDEFERIMENTO, CANCELAMENTO OU CESSAÇÃO DE BENEFÍCIO PREVIDENCIÁRIO. OFENSA AO ART. 6º DA CONSTITUIÇÃO DA REPÚBLICA E À JURISPRUDÊNCIA DO SUPREMO TRIBUNAL FEDERAL AO COMPROMETER O NÚCLEO ESSENCIAL DO DIREITO FUNDAMENTAL AO BENEFÍCIO PREVIDENCIÁRIO E À PREVIDÊNCIA SOCIAL. (...) 6. O núcleo essencial do direito fundamental à previdência social é imprescritível, irrenunciável e indisponível, motivo pelo qual não deve ser afetada pelos efeitos do tempo e da inércia de seu titular a pretensão relativa ao direito ao recebimento de benefício previdenciário. Este Supremo Tribunal Federal, no RE 626.489, de relatoria do i. Min. Roberto Barroso, admitiu a instituição de prazo decadencial para a revisão do ato concessório porque atingida tão somente a pretensão de rediscutir a graduação pecuniária do benefício, isto é, a forma de cálculo ou o valor final da prestação, já que, concedida a pretensão que visa ao recebimento do benefício, encontra-se preservado o próprio fundo do direito. 7. No caso dos autos, ao contrário, admitir a incidência do instituto para o caso de indeferimento, cancelamento ou cessação importa ofensa à Constituição da República e ao que assentou esta Corte em momento anterior, porquanto, não preservado o fundo de direito na hipótese em que negado o benefício, caso inviabilizada pelo decurso do tempo a rediscussão da negativa, é comprometido o exercício do direito material à sua obtenção. 8. Ação direta conhecida em parte e, na parte remanescente, julgada parcialmente procedente, declarando a inconstitucionalidade do art. 24 da Lei 13.846/2019 no que deu nova redação ao art. 103 da Lei

8.213/1991. (ADI 6096, Relator(a): EDSON FACHIN, Tribunal Pleno, julgado em 13/10/2020, PROCESSO ELETRÔNICO DJe-280 DIVULG 25-11-2020 PUBLIC 26-11-2020)

Nesse contexto, o segurado ou o dependente não perde o direito ao benefício em razão do decurso do tempo, mas apenas perde o direito às prestações vencidas nos últimos cinco anos, nos termos da Súmula 85, do Superior Tribunal de Justiça (STJ), conforme indicado a seguir:

> Nas relações jurídicas de trato sucessivo em que a Fazenda Pública figure como devedora, quando não tiver sido negado o próprio direito reclamado, a prescrição atinge apenas as prestações vencidas antes do quinquênio anterior à propositura da ação.

O tema ainda desafia os tribunais. Recentemente, o STJ definiu que o prazo decadencial se inicia a partir da aposentadoria, e não da pensão, quando se trata de revisão de renda mensal inicial da aposentadoria do instituidor visando à alteração subsequente da renda mensal inicial da pensão por morte.

> PREVIDENCIÁRIO, CIVIL E PROCESSUAL CIVIL. EMBARGOS DE DIVERGÊNCIA EM RECURSO ESPECIAL. PENSÃO POR MORTE DERIVADA DE APOSENTADORIA POR TEMPO DE CONTRIBUIÇÃO. PEDIDO DE REVISÃO DA PENSÃO POR MORTE, MEDIANTE REVISÃO DA RENDA MENSAL INICIAL DA APOSENTADORIA ORIGINÁRIA. IMPOSSIBILIDADE, EM

> RAZÃO DA DECADÊNCIA DE REVISÃO DO BENEFÍCIO ORIGINÁRIO. EXEGESE DO ART. 103, CAPUT, DA LEI 8.213/91, NA REDAÇÃO DADA PELA MEDIDA PROVISÓRIA 1.523-9, DE 27/06/97. INCIDÊNCIA DA TESE FIRMADA NO JULGAMENTO DOS RECURSOS ESPECIAIS REPETITIVOS 1.326.114/SC E 1.309.529/PR (TEMA 544), RATIFICADA PELOS RECURSOS ESPECIAIS REPETITIVOS 1.612.818/PR E 1.631.021/PR (TEMA 966), EM CONFORMIDADE COM O ENTENDIMENTO DO STF, NOS RECURSOS EXTRAORDINÁRIOS 630.501/RS (TEMA 334) E 626.489/SE (TEMA 313). PRINCÍPIO DA ACTIO NATA. INAPLICABILIDADE. EMBARGOS DE DIVERGÊNCIA DESPROVIDOS.
> (...) XI. Embargos de Divergência em Recurso Especial desprovidos (STJ, ERESP 1605554-PR, Rel. Ministro Mauro Campbell Marques)

Por sua vez, no Tema 966, o STJ decidiu que, "Sob a exegese do caput do artigo 103 da Lei 8.213/1991, incide o prazo decadencial para reconhecimento do direito adquirido ao benefício previdenciário mais vantajoso".

No Tema 975, recentemente, o STJ fixou a seguinte tese:

> Aplica-se o prazo decadencial de dez anos estabelecido no art. 103, caput, da Lei nº 8.213/1991 às hipóteses em que a questão controvertida não foi apreciada no ato administrativo de análise de concessão de benefício previdenciário.

— 8.4.1 —
Prescrição e decadência para a administração

Para o INSS, o direito de anular os atos administrativos de que decorrem efeitos favoráveis para os seus beneficiários decai em dez anos, contados da data em que foram praticados, salvo comprovada má-fé.

No caso de efeitos patrimoniais contínuos, o prazo decadencial será contado da percepção do primeiro pagamento, considerando-se exercício do direito qualquer medida de autoridade administrativa que importe impugnação à validade do ato.

Recentemente, o INSS tem intensificado a atuação no monitoramento dos benefícios com indícios de fraude.

— 8.5 —
Comprovação do tempo de serviço/contribuição

A regulamentação acerca da comprovação do tempo de serviço e/ou tempo de contribuição encontra-se no art. 55, parágrafo 3º, da Lei n. 8.213/1991:

> § 3º A comprovação do tempo de serviço para os fins desta Lei, inclusive mediante justificativa administrativa ou judicial, observado o disposto no art. 108 desta Lei, só produzirá efeito quando for baseada em início de prova material

contemporânea dos fatos, não admitida a prova exclusivamente testemunhal, exceto na ocorrência de motivo de força maior ou caso fortuito, na forma prevista no regulamento. (Brasil, 1991b)

O início de prova material é um dos principais institutos do processo previdenciário. Trata-se de qualquer vestígio material que possa de alguma forma vincular a pessoa ao fato que se pretende comprovar. Havendo início de prova material, o INSS deverá realizar a justificação administrativa, nos termos do art. 108 da Lei n. 8.213/1991.

A justificação administrativa é um procedimento realizado internamente pelo INSS, muito assemelhado a uma audiência para ouvir testemunhas. Inclusive, há juízes que determinam ao INSS a realização de justificação administrativa em substituição à prova oral em juízo.

Segundo o teor do art. 108 da Lei n. 8.213/1991:

> Art. 108. Mediante justificação processada perante a Previdência Social, observado o disposto no § 3º do art. 55 e na forma estabelecida no Regulamento, poderá ser suprida a falta de documento ou provado ato do interesse de beneficiário ou empresa, salvo no que se refere a registro público. (Brasil, 1991b)

Como se depreende do referido artigo, além da hipótese do art. 55, parágrafo 3º, qualquer ato do interesse do beneficiário ou da empresa que se pretenda provar poderá ser complementado por justificação administrativa.

Por se tratar de um procedimento trabalhoso e que exige um grande tempo do servidor do INSS, gerando maior ineficiência, o governo tem tentado reduzir o espectro de utilização da justificação administrativa, como veremos nos itens seguintes.

— 8.5.1 —
Utilização de sentença trabalhista para fins de comprovação de tempo de serviço/contribuição

A sentença trabalhista que reconhece um vínculo de emprego pode ser utilizada para fins previdenciários. Porém, seu valor probatório não é absoluto. Isso porque já foram identificados muitos casos de fraudes, em que o acordo trabalhista era simplesmente um meio de forjar um vínculo empregatício para fins de recebimento de benefícios previdenciários.

Nesse sentido, a jurisprudência consolidou o entendimento no sentido de que apenas aquela sentença ou acordo trabalhista que se pautou por documentos e outros meios de prova pode ser considerada como início de prova material para fins previdenciários. Além disso, poderá ser admitida também a sentença proferida em ação ajuizada imediatamente após o término do labor, antes da prescrição das parcelas devidas contra o empregador.

No âmbito administrativo, a questão encontra-se pacificada no Conselho de Recursos da Previdência Social (CRPS), no Enunciado 3 (Brasil, 2019a), nos seguintes termos:

A comprovação do tempo de contribuição, mediante ação trabalhista transitada em julgado, somente produzirá efeitos para fins previdenciários quando baseada em início de prova material contemporânea dos fatos, constantes nos autos do processo judicial ou administrativo.

I – Não será admitida para os fins previstos na legislação previdenciária, prova exclusivamente testemunhas, exceto na ocorrência de motivo de força maior ou caso fortuito.

II – Não será exigido início de prova material se o objeto da ação trabalhista for a reintegração ou a complementação de remuneração, desde que devidamente comprovado o vínculo anterior em ambos os casos.

Por sua vez, o texto da Turma Nacional de Uniformização (TNU) dispõe que:

> PEDIDO NACIONAL DE UNIFORMIZAÇÃO DE JURISPRUDÊNCIA. Sentença em reclamatória trabalhista. Início de prova material. A reclamatória trabalhista será válida como início de prova material em duas situações: (1) fundada em documentos que sinalizem o exercício da atividade laborativa na função e períodos alegados, ou (2) ajuizada imediatamente após o término do labor, antes da ocorrência da prescrição, cuja consumação impede a obtenção de direitos trabalhistas perante o empregador (201250500025019, Juiz Federal DANIEL MACHADO DA ROCHA, dou 04/10/2016.)

Igualmente, o entendimento do STJ definiu que:

> PREVIDENCIÁRIO. EMBARGOS DE DIVERGÊNCIA EM RECURSO ESPECIAL. CARTEIRA DE TRABALHO E PREVIDÊNCIA SOCIAL. ANOTAÇÕES FEITAS POR ORDEM JUDICIAL. SENTENÇA TRABALHISTA NÃO FUNDAMENTADA EM PROVAS DOCUMENTAIS E TESTEMUNHAIS. INÍCIO DE PROVA MATERIAL NÃO-CARACTERIZADO. 1. A sentença trabalhista será admitida como início de prova material, apta a comprovar o tempo de serviço, caso ela tenha sido fundada em elementos que evidenciem o labor exercido na função e o período alegado pelo trabalhador na ação previdenciária. Precedentes das Turma que compõem a Terceira Seção. 2. No caso em apreço, não houve produção de qualquer espécie de prova nos autos da reclamatória trabalhista, tendo havido acordo entre as partes. 3. Embargos de divergência acolhidos. (EREsp 616.242/RN, Rel. Ministra LAURITA VAZ, TERCEIRA SEÇÃO, julgado em 28/09/2005, DJ 24/10/2005, p. 170)

— 8.6 —
Comprovação da união estável e da dependência econômica

A comprovação da união estável e da dependência econômica, conceitos centrais para fins de concessão dos benefícios aos dependentes, também passou por evolução legislativa.

Como na redação original da Lei n. 8.213/1991 não havia exigência estabelecendo a necessidade do chamado *início de prova material*, ou seja, um vestígio documental que possa embasar a alegação de existência da união estável e/ou dependência econômica, a jurisprudência do STJ se consolidou no sentido da possibilidade de comprovação de ambos, única e exclusivamente, por meio de prova oral, ou seja, por meio da oitiva de testemunhas.

Em um movimento de resposta do Poder Executivo a esse entendimento, que entendia haver um afrouxamento muito grande em relação ao assunto, dando margem para fraudes, a Medida Provisória n. 871 de 18 de janeiro de 2019 (Brasil, 2019g) estabeleceu que, para a comprovação da união estável e/ou da dependência econômica, passaria a ser exigido o início de prova material, sem o qual não seria possível o reconhecimento favorável.

Vale ressaltar que não há inconstitucionalidade quanto à exigência de início de prova material, como já decidiu o STF na ADI 2555, em que considerou prevalecer a necessidade de se garantir maior segurança jurídica. Além disso, não custa lembrar que o próprio Código de Processo Civil admite que a prova testemunhal poderá ser utilizada, salvo se houver lei que dispuser em sentido contrário, exatamente o que ocorreu no caso.

Por ocasião da conversão da Medida Provisória n. 871/2019 na Lei n, 13.846/2019, foi inserido outro critério legal de prova, sendo exigido início de prova material para a comprovação da união estável em duas situações distintas: 1. Para a confirmação da permanência da união por ocasião do óbito, é necessária a apresentação de início de prova material relativo aos últimos dois anos antes da morte. 2. Para confirmação da união estável por período superior a dois anos, para fins de recebimento da pensão estendida, é necessário o início de prova material para além dos dois anos do óbito.

Dessa forma, com a chamada *Minirreforma Previdenciária* (Medida Provisória n. 871/2019 e Lei n. 13.846/2019), o início de prova material passou a ser requisito para a comprovação de qualquer situação de fato relacionado à previdência social.

— 8.7 —
Comprovação da atividade rural

A comprovação da atividade rural encontra-se regulamentada pelos arts. 38-A, 38-B e 106, todos da Lei n. 8.213/1991. É importante mencionarmos, ainda, o art. 25, parágrafo 1º, da Emenda Constitucional n. 103/2019.

Nos termos do art. 38-A da Lei n. 8.213/1991, a comprovação do tempo de labor rural se dará por meio de autodeclaração a ser complementada por informações constantes dos bancos de dados oficiais.

A comprovação do exercício de atividade rural poderá ser feita, complementarmente à autodeclaração e aos cadastros dos bancos de dados oficiais, mediante a apresentação dos seguintes documentos, nos termos do art. 106 da Lei n. 8.213/1991:

> I – contrato individual de trabalho ou Carteira de Trabalho e Previdência Social;
>
> II – contrato de arrendamento, parceria ou comodato rural; [...]

IV–Declaração de Aptidão ao Programa Nacional de Fortalecimento da Agricultura Familiar, de que trata o inciso II do caput do art. 2º da Lei nº 12.188, de 11 de janeiro de 2010, ou por documento que a substitua;

V – bloco de notas do produtor rural;

VI – notas fiscais de entrada de mercadorias, de que trata o § 7º do art. 30 da Lei no 8.212, de 24 de julho de 1991, emitidas pela empresa adquirente da produção, com indicação do nome do segurado como vendedor;

VII – documentos fiscais relativos a entrega de produção rural à cooperativa agrícola, entreposto de pescado ou outros, com indicação do segurado como vendedor ou consignante;

VIII – comprovantes de recolhimento de contribuição à Previdência Social decorrentes da comercialização da produção;

IX – cópia da declaração de imposto de renda, com indicação de renda proveniente da comercialização de produção rural; ou

X – licença de ocupação ou permissão outorgada pelo [Instituto Nacional de Colonização e Reforma Agrária] Incra. (Brasil, 1991b)

Trata-se de rol exemplificativo, nada impedindo a juntada de outros documentos que permitam vincular o interessado ao exercício do labor rural.

— 8.8 —
Responsável pelos recebimentos em caso de beneficiário incapaz

Situação relativamente comum é aquela em que o beneficiário não tem condições de receber o benefício. Os motivos são vários, razão pela qual a legislação previdenciária estabeleceu que, em caso de ausência, moléstia contagiosa ou impossibilidade de locomoção, o benefício poderá ser pago a um procurador, cujo mandato não terá prazo superior a 12 meses, podendo ser renovado.

Quando se trata de beneficiário civilmente incapaz, o pagamento poderá ser feito para o cônjuge, o pai, a mãe, o tutor ou o curador. Admite-se, ainda, na falta de alguma dessas pessoas, e por período não superior a seis meses, o pagamento a herdeiro necessário, mediante termo de compromisso firmado no ato de recebimento.

A legislação tenta proteger ao máximo o beneficiário, que pode ser vítima de uma série de abusos e fraudes. Assim, caso um dependente seja excluído por homicídio ou tentativa desse ato, conforme já vimos, ele não poderá representar outro dependente para fins de recebimento do benefício. Do mesmo modo, o dependente que perde o direito à pensão por morte não pode representar outro dependente para fins de recebimento do benefício.

— 8.9 —
Responsável pelos recebimentos de valores não recebidos em vida

Uma questão particular do direito previdenciário se dá no caso de o beneficiário vir a falecer sem ter sacado todos os valores devidos. Tal situação pode ocorrer também se o beneficiário falecer no decorrer da ação judicial visando à concessão do benefício. Nesses casos, o pagamento desse resíduo não é realizado na forma do Código Civil – Lei n. 10.406, de 10 de janeiro de 2002 (Brasil, 2002) –, mas de acordo com a ordem de dependentes habilitados à pensão por morte. Apenas se não houver nenhum dos dependentes indicados no art. 16 da Lei n. 8.213/1991 é que valerá a regra do Código Civil.

— 8.10 —
Descontos permitidos nos benefícios

Conforme o art. 115 da Lei n. 8.213/1991, podem ser descontados dos benefícios:

> I – contribuições devidas pelo segurado à Previdência Social;
>
> II – pagamento administrativo ou judicial de benefício previdenciário ou assistencial indevido, ou além do devido, inclusive na hipótese de cessação do benefício pela revogação de decisão judicial, em valor que não exceda 30% (trinta por cento) da sua importância, nos termos do regulamento;

III – Imposto de Renda retido na fonte;

IV – pensão de alimentos decretada em sentença judicial;

V – mensalidades de associações e demais entidades de aposentados legalmente reconhecidas, desde que autorizadas por seus filiados.

VI – pagamento de empréstimos, financiamentos, cartões de crédito e operações de arrendamento mercantil concedidos por instituições financeiras e sociedades de arrendamento mercantil, ou por entidades fechadas ou abertas de previdência complementar, públicas e privadas, quando expressamente autorizado pelo beneficiário, até o limite de 35% (trinta e cinco por cento) do valor do benefício, sendo 5% (cinco por cento) destinados exclusivamente para:

a) amortização de despesas contraídas por meio de cartão de crédito; ou

b) utilização com a finalidade de saque por meio do cartão de crédito. (Brasil, 1991b)

— 8.11 —
Ação regressiva previdenciária

O INSS está autorizado a ingressar com ação regressiva contra os responsáveis em dois casos. Em primeiro lugar, se houver negligência quanto às normas padrão de segurança e higiene do trabalho indicadas para a proteção individual e coletiva. A outra hipótese é no caso de violência doméstica e familiar contra a mulher, nos termos da Lei n. 11.340, de 7 de agosto de 2006 (Brasil, 2006b). Nessas duas situações, o INSS é obrigado a arcar com o pagamento de benefício, seja decorrente de acidente do trabalho, seja decorrente de violência doméstica. Dessa forma, nada mais justo do que a autarquia buscar o ressarcimento em relação a esses gastos com aqueles que foram os responsáveis diretos pelos danos causados aos beneficiários.

— 8.12 —
Financiamento da seguridade social

Não é possível falar em previdência social sem tratarmos, ainda que de forma superficial, dos mecanismos de financiamento desse sistema.

— 8.12.1 —
Regra geral

Nos termos do art. 195 da Constituição Federal, que é nosso guia nessa jornada para identificação das fontes de financiamento da seguridade social:

> Art. 195. A seguridade social será financiada por toda a sociedade, de forma direta e indireta, nos termos da lei, mediante recursos provenientes dos orçamentos da União, dos Estados,

do Distrito Federal e dos Municípios, e das seguintes contribuições sociais:

I – do empregador, da empresa e da entidade a ela equiparada na forma da lei, incidentes sobre:

a) a folha de salários e demais rendimentos do trabalho pagos ou creditados, a qualquer título, à pessoa física que lhe preste serviço, mesmo sem vínculo empregatício;

b) a receita ou o faturamento;

c) o lucro;

II – do trabalhador e dos demais segurados da previdência social, podendo ser adotadas alíquotas progressivas de acordo com o valor do salário de contribuição, não incidindo contribuição sobre aposentadoria e pensão concedidas pelo Regime Geral de Previdência Social;

III – sobre a receita de concursos de prognósticos [loterias].

IV – do importador de bens ou serviços do exterior, ou de quem a lei a ele equiparar. (Brasil, 1988)

Vale ressaltar que, nos termos da Constituição Federal, art. 167, inciso XI, as contribuições dos trabalhadores e a das empresas incidentes sobre a folha de salários são destinadas exclusivamente ao RGPS. As demais servem a todo o sistema de seguridade social.

A regulamentação das contribuições voltadas ao RGPS encontra-se nos arts. 10 e 16 a 27 da Lei n. 8.212, de 24 de julho de 1991 (Brasil, 1991a), bem como no Decreto n. 3.048, de 6 de maio de 1999 (Brasil, 1999), nos arts. 194 a 205.

É importante destacar, ainda, nos termos do art. 16, parágrafo único, da Lei n. 8.212/1991, que a União é responsável pela cobertura de eventuais insuficiências financeiras, quando se tratar de pagamento de benefícios previdenciários.

— 8.12.2 —
Possibilidade de instituição de outras fontes

A lei poderá instituir outras fontes destinadas a garantir a manutenção ou a expansão da seguridade social, obedecido o disposto no art. 154, inciso I, da Constituição Federal, ou seja, quando se trata de contribuição que tenha a mesma base de cálculo de outros impostos, sua instituição deve se dar por meio de lei complementar. Nos demais casos, por simples lei ordinária.

— 8.12.3 —
Princípio da prévia fonte de custeio

Nos termos do art. 195, parágrafo 5º, da Constituição Federal, temos a consolidação do princípio da contrapartida ou da prévia fonte de custeio, segundo o qual nenhum benefício ou serviço da seguridade social poderá ser criado, majorado ou estendido sem a correspondente fonte de custeio total.

— 8.12.4 —
Necessidade de respeito ao princípio da anterioridade nonagesimal

As contribuições sociais anteriormente referidas estão sujeitas ao princípio da noventena, ou seja, só podem ser exigidas a partir de 90 dias da data da publicação da lei que as houver instituído ou modificado.

— 8.12.5 —
Imunidade das entidades beneficentes

A Constituição Federal estabelece uma hipótese de imunidade, muito embora use a palavra *isenção*, para as entidades beneficentes de assistência social que atendam às exigências estabelecidas em lei, de forma que essas instituições estão livres do pagamento de contribuições para a seguridade social.

— 8.12.6 —
Contribuição do segurado especial

Quanto ao segurado especial, a Constituição Federal estabelece uma forma própria de contribuição para a seguridade social, a incidir mediante a aplicação de uma alíquota sobre o resultado da comercialização da produção.

— 8.12.7 —
Limitações sobre moratória e parcelamentos

A Reforma da Previdência – Emenda Constitucional n. 103/2019 – procurou apertar o cerco contra os devedores contumazes e contra os abusos cometidos por governantes ao conceder parcelamentos absurdos para devedores, apenas estimulando a inadimplência.

Com a Reforma da Previdência, passaram a ser vedados a moratória e o parcelamento em prazo superior a 60 meses. Além disso, essa reforma também passou a proibir, na forma de lei complementar, a anistia das contribuições sociais que incidem sobre a remuneração paga ao trabalho e a que incide sobre a receita ou ao faturamento.

— 8.12.8 —
Contribuição mínima

A Reforma da Previdência trouxe outra novidade ao estabelecer que só poderão ser consideradas as contribuições relativas às competências cujos recolhimentos tenham sido feitos em valor igual ou superior à contribuição mínima mensal exigida para sua categoria, assegurado o agrupamento de contribuições.

Conforme o art. 29 da Emenda Constitucional n. 103/2019, que estabeleceu as modalidades pelas quais podem ser feitos os agrupamentos das contribuições,

Art. 29. Até que entre em vigor lei que disponha sobre o § 14 do art. 195 da Constituição Federal, o segurado que, no somatório de remunerações auferidas no período de 1 (um) mês, receber remuneração inferior ao limite mínimo mensal do salário de contribuição poderá:

I – complementar a sua contribuição, de forma a alcançar o limite mínimo exigido;

II – utilizar o valor da contribuição que exceder o limite mínimo de contribuição de uma competência em outra; ou

III – agrupar contribuições inferiores ao limite mínimo de diferentes competências, para aproveitamento em contribuições mínimas mensais.

Parágrafo único. Os ajustes de complementação ou agrupamento de contribuições previstos nos incisos I, II e III do **caput** somente poderão ser feitos ao longo do mesmo ano civil. (Brasil, 2019b, grifo do original)

— 8.12.9 —
Alíquotas progressivas

A Reforma da Previdência estabeleceu a possibilidade de fixação de alíquotas progressivas a incidirem em faixas, em conformidade com o valor da remuneração recebida. O valor das alíquotas é reajustado da mesma forma que os benefícios da previdência social e o salário-mínimo, quando, nesse caso, tratar-se de benefício no valor mínimo.

Conforme Portaria n. 477, de 12 de janeiro de 2021 (Brasil, 2021), as alíquotas incidentes sobre as contribuições previdenciárias a partir de 1º de janeiro de 2021 são as seguintes:

Tabela 8.1 – Contribuição dos segurados empregado, empregado doméstico e trabalhador avulso

Salário-de-contribuição (R$)	Alíquota progressiva para fins de recolhimento ao inss
até 1.100,00	7,5%
de 1.100,01 até 2.203,48	9%
de 2.203,49 até 3.305,22	12 %
de 3.305,23 até 6.433,57	14%

Fonte: Brasil, 2021.

— 8.12.10 —
Sistema de inclusão previdenciária

O encargo do contribuinte individual e do segurado facultativo, em princípio, é de 20% do salário de contribuição. Contudo, a Constituição Federal estabeleceu o sistema de inclusão previdenciária em seu art. 201, parágrafo 12, como disposto a seguir:

> § 12. Lei instituirá sistema especial de inclusão previdenciária, com alíquotas diferenciadas, para atender aos trabalhadores de baixa renda, inclusive os que se encontram em situação de informalidade, e àqueles sem renda própria que

se dediquem exclusivamente ao trabalho doméstico no âmbito de sua residência, desde que pertencentes a famílias de baixa renda. (Brasil, 1988)

Conforme a Lei n. 8.212/1991, parágrafo 2º, o sistema de inclusão previdenciária permite aos segurados indicados no texto constitucional o acesso aos benefícios previdenciários (exceto a antiga aposentadoria por tempo de contribuição), mediante contribuição incidente sobre o salário-mínimo, nos seguintes percentuais:

> I – 11% (onze por cento), no caso do segurado contribuinte individual, ressalvado o disposto no inciso II, que trabalhe por conta própria, sem relação de trabalho com empresa ou equiparado e do segurado facultativo, observado o disposto na alínea b do inciso II deste parágrafo;
>
> II – 5% (cinco por cento);
>
> a) no caso do microempreendedor individual, de que trata o art. 18-A da Lei Complementar nº 123, de 14 de dezembro de 2006; e
>
> b) do segurado facultativo sem renda própria que se dedique exclusivamente ao trabalho doméstico no âmbito de sua residência, desde que pertencente a família de baixa renda. (Brasil, 1991a)

— 8.12.11 —
Outras receitas

Nos termos da Lei n. 8.212/91, art. 27, constituem outras receitas da seguridade social:

I – as multas, a atualização monetária e os juros moratórios;

II – a remuneração recebida por serviços de arrecadação, fiscalização e cobrança prestados a terceiros;

III – as receitas provenientes de prestação de outros serviços e de fornecimento ou arrendamento de bens;

IV – as demais receitas patrimoniais, industriais e financeiras;

V – as doações, legados, subvenções e outras receitas eventuais;

VI – 50% (cinquenta por cento) dos valores obtidos e aplicados na forma do parágrafo único do art. 243 da Constituição Federal;

VII – 40% (quarenta por cento) do resultado dos leilões dos bens apreendidos pelo Departamento da Receita Federal;

VIII – outras receitas previstas em legislação específica.

Além disso, as companhias seguradoras que mantêm o seguro obrigatório de danos pessoais causados por veículos automotores de vias terrestres, de que trata a Lei n. 6.194, de 19 de dezembro de 1974 (Brasil, 1974b), deverão repassar à seguridade social 50% do valor total do prêmio recolhido e destinado ao Sistema Único de Saúde (SUS), para custeio da assistência médico-hospitalar dos segurados vitimados em acidentes de trânsito.

— 8.12.12 —
A questão da Desvinculação das Receitas da União (DRU)

Uma questão polêmica a respeito da atuação do governo em se tratando do financiamento da seguridade social se referia à Desvinculação das Receitas da União (DRU), mecanismo que permite ao Poder Público utilizar um percentual dos valores previamente destinados a um setor em outro. A regra se encontra no art. 76, do Ato das Disposições Constitucionais Transitórias (ADCT), constante na Constituição Federal:

> Art. 76. São desvinculados de órgão, fundo ou despesa, até 31 de dezembro de 2023, 30% (trinta por cento) da arrecadação da União relativa às contribuições sociais, sem prejuízo do pagamento das despesas do Regime Geral da Previdência Social, às contribuições de intervenção no domínio econômico e às taxas, já instituídas ou que vierem a ser criadas até a referida data. (Brasil, 1988)

Até antes da Reforma da Previdência, apenas as contribuições estritamente previdenciárias estavam livres da incidência da DRU. Com a Reforma da Previdência, todas as contribuições destinadas à seguridade social não estão sujeitas ao mecanismo da DRU, conforme art. 76, parágrafo 4º, do ADCT da Constituição Federal: "§ 4º A desvinculação de que trata o **caput** não se aplica às receitas das contribuições sociais destinadas ao custeio da seguridade social" (Brasil, 1988, grifo do original).

— 8.12.13 —
O conceito de salário de contribuição

Para fecharmos nosso assunto, não poderíamos deixar de falar sobre outro conceito fundamental do direito previdenciário, que é o de salário de contribuição. Ele é fundamental porque, insistimos, qualquer regime previdenciário tem caráter contributivo e é sobre a contribuição efetuada que será possível identificar o montante da contrapartida a ser conferida pelo sistema.

A contribuição previdenciária toma por base justamente o salário de contribuição. Não à toa, vemos muitas fraudes e inconsistências nos dados oficiais e nos registros acerca da remuneração do trabalhador. Essas "inconsistências" acabam por minar o sistema, já que o valor da contribuição será bem menor do que aquele esperado.

O conceito de salário de contribuição encontra-se no art. 28 da Lei n. 8.212/1991. No mesmo artigo, em seu parágrafo 9º, estão elencadas as verbas e as circunstâncias que não caracterizam salário de contribuição.

Considerações finais

Chegamos ao final da obra esperando ter obtido êxito em apresentar a você, leitor, os principais institutos que formam o direito previdenciário.

Em primeiro lugar, logo na introdução, mostramos, em números, o quão relevante é a matéria previdenciária, tanto sob o aspecto dos benefícios concedidos administrativamente quanto pela elevada judicialização, o que tem exigido profissionais cada vez mais qualificados.

Como vimos, o *direito previdenciário* tem sido a expressão usualmente utilizada para tratar da previdência social e, também, do Benefício de Prestação Continuada (BPC), previsto na Lei

Orgânica da Assistência Social (Loas) – Lei n. 8.742, 7 de dezembro de 1993 (Brasil, 1993b).

A previdência, a assistência e a saúde compõem a chamada *seguridade social*, instrumento central da Constituição Federal de 1988 (Brasil, 1988), que possibilita ao Estado promover diretamente a distribuição de renda. Por isso, tratamos da dupla natureza jurídica da seguridade social: a de política pública e a de direito fundamental.

Pudemos acompanhar os princípios constitucionais relacionados à seguridade social, os quais, por extensão, aplicam-se à previdência e à assistência. Ainda, tivemos a oportunidade de conferir as inovações trazidas pela Reforma da Previdência – Emenda Constitucional n. 103, de 12 de novembro de 2019 (Brasil, 2019b) –, tanto em relação a aspectos constitucionais específicos quanto no seu processo de desconstitucionalização.

Conhecemos os diversos regimes de previdência social, o regime geral, os regimes próprios, o sistema de proteção social dos militares, a previdência dos parlamentares (em extinção) e a previdência complementar, a qual pode ser pública ou privada, aberta ou fechada.

Adentramos no Regime Geral de Previdência Social (RGPS) e conhecemos sua estrutura básica, dada pela Lei n. 8.213, de 24 de julho de 1991 (Brasil, 1991). Começamos pelos conceitos fundamentais: beneficiários, carência, manutenção e perda da qualidade de segurado, filiação e inscrição.

Mais adiante, seguimos abordando os benefícios propriamente ditos e algumas de suas nuances. Analisamos os benefícios por incapacidade, a saber, a aposentadoria por incapacidade permanente, o auxílio por incapacidade temporária e o auxílio-acidente. Estudamos todas as aposentadorias: a nova aposentadoria programada, a aposentadoria do professor, a aposentadoria especial, a aposentadoria das pessoas com deficiência, a aposentadoria dos trabalhadores rurais e a aposentadoria híbrida.

Além disso, tivemos tempo de examinar outros benefícios, como o salário-maternidade e o salário-família, além de conhecer o serviço prestado pelo Instituto Nacional do Seguro Social (INSS), da habilitação ou da reabilitação profissional. Passamos também pelos benefícios devidos aos dependentes, a pensão por morte e o auxílio-reclusão, ambos objeto de intensas mudanças legislativas recentes.

Conhecemos as principais regras relativas à comprovação do tempo rural, urbano e especial. Além disso, pudemos avaliar outras regras relacionadas ao funcionamento do sistema previdenciário, todas com grande repercussão no dia a dia do operador do direito.

Analisamos ainda o BPC previsto na Loas, com várias de suas nuances e polêmicas.

Terminamos com uma breve análise a respeito do sistema de custeio da seguridade social, cuja compreensão é comumente negligenciada, mas de suma importância para a prática.

Querido leitor, após a leitura destas páginas, você estará apto a ingressar nesse rico universo, o do direito previdenciário, que é extremamente desafiador e está sempre se renovando, mas é, ao mesmo tempo, gratificante. É impressionante como a prática do direito previdenciário não nos deixa entrar em monotonia. Cada caso suscita discussões diferentes e novas interpretações. Quem uma vez pensou que seria fácil está enganado.

A cada pessoa corretamente atendida e defendida, seja para conceder, seja para negar o benefício, maior é a justiça realizada, tanto pessoal quanto social.

Até a próxima.

Lista de siglas

AC	Apelação cível
ADCT	Ato das Disposições Constitucionais Transitórias
ADI	Ação Direta de Inconstitucionalidade
ADPF	Arguição de Descumprimento de Preceito Fundamental
AgRg	Agravo regimental
AResp	Agravo em recurso especial
CF	Constituição Federal
CNIS	Cadastro Nacional de Informações Sociais
DJe	Diário de Justiça Eletrônico
DP	Data de publicação

INSS	Instituto Nacional do Seguro Social
IRDR	Incidente de Resolução de Demandas Repetitivas
J	Julgado
MEI	Microempreendedor individual
Min.	Ministro
P	Pleno
RE	Recurso extraordinário
Rel.	Relator
Resp	Recurso especial
RGPS	Regime Geral de Previdência Social
RPC	Regime de Previdência Complementar
RPPS	Regimes Próprios de Previdência Social
STF	Supremo Tribunal Federal
STJ	Superior Tribunal de Justiça
T	Turma
TNU	Turma Nacional de Uniformização de jurisprudência dos Juizados Especiais Federais
TRF4	Tribunal Regional Federal da 4ª Região
TRU	Turma Regional de Uniformização dos Juizados Especiais

Referências

BEVERIDGE, W. **Full Employment in a Free Society**. London: George Allen an Unwin, 1944.

BEVERIDGE, W. H. **The Beveridge Report**. 1942. Disponível em: <https://archive.org/details/in.ernet.dli.2015.275849/page/n1/mode/2up>. Acesso em: 11 maio 2021.

BITTENCOURT, A. L. M. **Manual dos Benefícios por incapacidade laboral e deficiência**. Curitiba: Alteridade, 2018.

BRASIL. Conselho de Recursos da Previdência Social. Enunciado 3. **Diário Oficial da União**, 12 nov. 2019a. Disponível em: <https://www.gov.br/previdencia/pt-br/images/2019/12/DESPACHOa_37a_ENUNCIADOS.pdf>. Acesso em: 25 maio 2021.

BRASIL. Constituição (1891). **Diário Oficial da União**, Rio de Janeiro, DF 24 fev. 1891. Disponível em: <http://www.planalto.gov.br/ccivil_03/constituicao/constituicao91.htm>. Acesso em: 25 maio 2021.

BRASIL. Constituição (1934). **Diário Oficial da União**, Rio de Janeiro, DF 16 jul. 1934. Disponível em: <http://www.planalto.gov.br/ccivil_03/constituicao/constituicao34.htm>. Acesso em: 25 maio 2021.

BRASIL. Constituição (1946). **Diário Oficial da União**, Rio de Janeiro, DF, 18 set. 1946. Disponível em: <http://www.planalto.gov.br/ccivil_03/constituicao/constituicao46.htm>. Acesso em: 25 maio 2021.

BRASIL. Constituição (1967). **Diário Oficial da União**, Brasília, DF, 24 jan. 1967. Disponível em: <http://www.planalto.gov.br/ccivil_03/constituicao/constituicao67.htm>. Acesso em: 25 maio 2021.

BRASIL. Constituição (1988). **Diário Oficial da União**, Brasília, DF, 5 out. 1988.

BRASIL. Decreto n. 592, de 6 de julho de 1992. **Diário Oficial da União**, Poder Executivo, Brasília, DF, 6 jul. 1992. Disponível em: <http://planalto.gov.br/ccivil_03/decreto/1990-1994/d0592.htm>. Acesso em: 25 maio 2021.

BRASIL. Decreto n. 3.048, de 6 de maio de 1999. **Diário Oficial da União**, Poder Executivo, Brasília, DF, 7 maio 1999. Disponível em: <http://www.planalto.gov.br/ccivil_03/decreto/d3048.htm>. Acesso em: 25 maio 2021.

BRASIL. Decreto n. 3.724, de 15 de janeiro de 1919. **Diário Oficial da União**, Poder Legislativo, Rio de Janeiro, DF, 18 jan. 1919. Disponível em: <https://www2.camara.leg.br/legin/fed/decret/1910-1919/decreto-3724-15-janeiro-1919-571001-publicacaooriginal-94096-pl.html>. Acesso em: 25 maio 2021.

BRASIL. Decreto n. 4.682, de 24 de janeiro de 1923. **Diário Oficial da União**, Poder Legislativo, Rio de Janeiro, DF, 25 jan. 1923. Disponível em: <http://www.planalto.gov.br/ccivil_03/decreto/historicos/dpl/DPL4682-1923.htm>. Acesso em: 25 maio 2021.

BRASIL. Decreto n. 6.949, de 25 de agosto de 2009. **Diário Oficial da União**, Poder Executivo, Brasília, DF, 26 ago. 2009. Disponível em: <http://www.planalto.gov.br/ccivil_03/_ato2007-2010/2009/decreto/d6949.htm>. Acesso em: 25 maio 2021.

BRASIL. Decreto n. 8.373, de 11 de dezembro de 2014. **Diário Oficial da União**, Poder Executivo, Brasília, DF, 12 dez. 2014a. Disponível em: <http://www.planalto.gov.br/ccivil_03/_ato2011-2014/2014/decreto/d8373.htm>. Acesso em: 25 maio 2021.

BRASIL. Decreto n. 10.410, de 30 de junho de 2020. **Diário Oficial da União**, Poder Executivo, Brasília, DF, 1º jul. 2020a. Disponível em: <https://www.in.gov.br/en/web/dou/-/decreto-n-10.410-de-30-de-junho-de-2020-264503344>. Acesso em: 25 maio 2021.

BRASIL. Decreto n. 89.312, de 23 de janeiro de 1984. **Diário Oficial da União**, Poder Executivo, Brasília, DF, 24 jan. 1984. Disponível em: <https://www2.camara.leg.br/legin/fed/decret/1980-1987/decreto-89312-23-janeiro-1984-439638-publicacaooriginal-1-pe.html>. Acesso em: 25 maio 2021.

BRASIL. Decreto n. 99.350, de 27 de junho de 1990. **Diário Oficial da União**, Poder Executivo, Brasília, DF, 28 jun. 1990. Disponível em: <http://www.planalto.gov.br/ccivil_03/decreto/antigos/d99350.htm>. Acesso em: 25 maio 2021.

BRASIL. Decreto-Lei n. 5.452, de 1 de maio de 1943. **Diário Oficial da União**, Poder Executivo, Rio de Janeiro, DF, 9 ago. 1943. Disponível em: <http://www.planalto.gov.br/ccivil_03/decreto-lei/del5452.htm>. Acesso em: 25 maio 2021.

BRASIL. Emenda Constitucional n. 3, de 17 de março de 1993. **Diário Oficial da União**, Poder Legislativo, Brasília, DF, 18 mar. 1993a. Disponível em: <http://www.planalto.gov.br/ccivil_03/constituicao/emendas/emc/emc03.htm>. Acesso em: 25 maio 2021.

BRASIL. Emenda Constitucional n. 18, de 30 de junho de 1981. **Diário Oficial da União**, Poder Legislativo, Brasília, DF, 9 jul. 1981. Disponível em: <http://www.planalto.gov.br/ccivil_03/constituicao/emendas/emc_anterior1988/emc18-81.htm>. Acesso em: 25 maio 2021.

BRASIL. Emenda Constitucional n. 20, de 15 de dezembro de 1998. **Diário Oficial da União**, Poder Legislativo, Brasília, DF, 16 dez. 1998. Disponível em: <http://www.planalto.gov.br/ccivil_03/constituicao/emendas/emc/emc20.htm>. Acesso em: 25 maio. 2021.

BRASIL. Emenda Constitucional n. 41, de 19 de dezembro de 2003. **Diário Oficial da União**, Poder Executivo, Brasília, DF, 19 dez. 2003a. Disponível em: <http://www.planalto.gov.br/ccivil_03/constituicao/emendas/emc/emc41.htm>. Acesso em: 25 maio 2021.

BRASIL. Emenda Constitucional n. 47, de 5 de julho de 2005. **Diário Oficial da União**, Poder Legislativo, Brasília, DF, 6 jul. 2005. Disponível em: <http://www.planalto.gov.br/ccivil_03/constituicao/Emendas/Emc/emc47.htm>. Acesso em: 25 maio 2021.

BRASIL. Emenda Constitucional n. 72, de 2 de abril de 2013. **Diário Oficial da União**, Poder Legislativo, Brasília, DF, 3 abr. 2013a. Disponível em: <http://www.planalto.gov.br/ccivil_03/constituicao/emendas/emc/emc72.htm>. Acesso em: 25 maio 2021.

BRASIL. Emenda Constitucional n. 88, de 7 de maio de 2015. **Diário Oficial da União**, Poder Legislativo, Brasília, DF, 8 maio 2015a. Disponível em: <http://www.planalto.gov.br/ccivil_03/constituicao/emendas/emc/emc88.htm>. Acesso em: 25 maio 2021.

BRASIL. Emenda Constitucional n. 95, de 15 de dezembro de 2016a. **Diário Oficial da União**, Poder Legislativo, Brasília, DF, 16 dez. 2016a. Disponível em: <http://www.planalto.gov.br/ccivil_03/constituicao/emendas/emc/emc95.htm>. Acesso em: 25 maio 2021.

BRASIL. Emenda Constitucional n. 103, de 12 de novembro de 2019. **Diário Oficial da União**, Poder Legislativo, Brasília, DF, 13 nov. 2019b. Disponível em: <http://www.planalto.gov.br/ccivil_03/constituicao/emendas/emc/emc103.htm>. Acesso em: 25 maio 2021.

BRASIL. Lei n. 3.397, de 24 de novembro de 1888. **Coleção de Leis do Império do Brasil**, Rio de Janeiro, 1888. v. 1. p. 48. Disponível em: <https://www2.camara.leg.br/legin/fed/leimp/1824-1899/lei-3397-24-novembro-1888-542068-norma-pl.html>. Acesso em: 25 maio.

BRASIL. Lei n. 3.765, de 4 de maio de 1960. **Diário Oficial da União**, Poder Executivo, Brasília, DF, 4 maio 1960. Disponível em: <http://www.planalto.gov.br/ccivil_03/leis/l3765.htm>. Acesso em: 25 maio 2021.

BRASIL. Lei n. 4.214, de 2 de março de 1963. **Diário Oficial da União**, Poder Legislativo, Brasília, DF, 2 mar. 1963. Disponível em: <http://www.planalto.gov.br/ccivil_03/leis/1950-1969/l4214.htm>. Acesso em: 25 maio 2021.

BRASIL. Lei n. 4.504, de 30 de novembro de 1964. **Diário Oficial da União**, Poder Legislativo, Brasília, DF, 30 nov. 1964. Disponível em: <http://www.planalto.gov.br/ccivil_03/leis/l4504.htm>. Acesso em: 25 maio 2021.

BRASIL. Lei n. 5.859, de 11 de dezembro de 1972. **Diário Oficial da União**, Poder Executivo, Brasília, DF, 12 dez. 1972. Disponível em: <http://www.planalto.gov.br/ccivil_03/leis/l5859.htm>. Acesso em: 25 maio 2021.

BRASIL. Lei n. 6.019, de 3 de janeiro de 1974. **Diário Oficial da União**, Poder Legislativo, Brasília, DF, 4 jan. 1974a. Disponível em: <http://www.planalto.gov.br/ccivil_03/leis/l6019.htm>. Acesso em: 25 maio 2021.

BRASIL. Lei n. 6.194, de 19 de dezembro de 1974. **Diário Oficial da União**, Poder Executivo, Brasília, DF, 20 dez. 1974b. Disponível em: <http://www.planalto.gov.br/ccivil_03/leis/l6194.htm>. Acesso em: 25 maio 2021.

BRASIL. Lei n. 6.746, de 10 de dezembro de 1979. **Diário Oficial da União**, Poder Legislativo, Brasília, DF, 11 dez. 1979. Disponível em: <http://www.planalto.gov.br/ccivil_03/leis/1970-1979/l6746.htm>. Acesso em: 25 maio 2021.

BRASIL. Lei n. 7.087, de 29 de dezembro de 1982. **Diário Oficial da União**, Poder Legislativo, Brasília, DF, 30 dez. 1982. Disponível em: <http://www.planalto.gov.br/ccivil_03/leis/1980-1988/L7087.htm>. Acesso em: 25 maio 2021.

BRASIL. Lei n. 8.069, de 13 de julho de 1990. **Diário Oficial da União**, Poder Legislativo, Brasília, DF, 16 jul. 1990. Disponível em: <http://www.planalto.gov.br/ccivil_03/leis/l8069.htm>. Acesso em: 25 maio 2021.

BRASIL. Lei n. 8.212, de 24 de julho de 1991. **Diário Oficial da União**, Poder Executivo, Brasília, DF, 25 jul. 1991a. Disponível em: <http://www.planalto.gov.br/ccivil_03/leis/l8212cons.htm>. Acesso em: 25 maio 2021.

BRASIL. Lei n. 8.213, de 24 de julho de 1991. **Diário Oficial da União**, Poder Executivo, Brasília, DF, 25 jul. 1991b. Disponível em: <http://www.planalto.gov.br/ccivil_03/leis/l8213cons.htm>. Acesso em: 25 maio 2021.

BRASIL. Lei n. 8.742, 7 de dezembro de 1993. **Diário Oficial da União**, Poder Legislativo Brasília, DF, 8 dez. 1993b. Disponível em: <http://www.planalto.gov.br/ccivil_03/leis/l8742.htm>. Acesso em: 25 maio 2021.

BRASIL. Lei n. 9.032, de 28 de abril de 1995. **Diário Oficial da União**, Poder Executivo, Brasília, DF, 28 abr. 1995a. Disponível em: <http://www.planalto.gov.br/ccivil_03/leis/l9032.htm>. Acesso em: 25 maio 2021.

BRASIL. Lei n. 9.250, de 26 de dezembro de 1995. **Diário Oficial da União**, Poder Executivo, Brasília, DF, 27 dez. 1995b. Disponível em: <http://www.planalto.gov.br/ccivil_03/leis/l9250.htm>. Acesso em: 25 maio 2021.

BRASIL. Lei n. 9.506, de 30 de outubro de 1997. **Diário Oficial da União**, Poder Legislativo, Brasília, DF, 31 out. 1997. Disponível em: <http://www.planalto.gov.br/ccivil_03/leis/L9506.htm>. Acesso em: 25 maio 2021.

BRASIL. Lei n. 9.608, de 18 de fevereiro de 1998. **Diário Oficial da União**, Poder Legislativo, Brasília, DF, 19 fev. 1998. Disponível em: <http://www.planalto.gov.br/ccivil_03/leis/l9608.htm>. Acesso em: 25 maio 2021.

BRASIL. Lei n. 10.406, de 10 de janeiro de 2002. **Diário Oficial da União**, Poder Legislativo, Brasília, DF, 11 jan. 2002. Disponível em: <http://www.planalto.gov.br/ccivil_03/leis/2002/l10406compilada.htm>. Acesso em: 25 maio 2021.

BRASIL. Lei n. 10.666, de 8 de maio de 2003. **Diário Oficial da União**, Poder Executivo, Brasília, DF, 9 maio 2003b. Disponível em: <http://www.planalto.gov.br/ccivil_03/leis/2003/l10.666.htm>. Acesso em: 25 maio 2021.

BRASIL. Lei n. 10.741, de 1º de outubro de 2003. **Diário Oficial da União**, Poder Legislativo, Brasília, DF, 3 out. 2003c. Disponível em: <http://www.planalto.gov.br/ccivil_03/leis/2003/l10.741.htm>. Acesso em: 25 maio 2021.

BRASIL. Lei n. 10.887, de 18 de junho de 2004. **Diário Oficial da União**, Poder Executivo, Brasília, DF, 21 jun. 2004. Disponível em: <http://www.planalto.gov.br/ccivil_03/_ato2004-2006/2004/lei/l10.887.htm>. Acesso em: 25 maio 2021.

BRASIL. Lei n. 11.340, de 7 de agosto de 2006. **Diário Oficial da União**, Poder Legislativo, Brasília, DF, 8 ago. 2006b. Disponível em: <http://www.planalto.gov.br/ccivil_03/_Ato2004-2006/2006/Lei/L11340.htm>. Acesso em: 25 maio 2021.

BRASIL. Lei n. 11.718, de 20 de junho de 2008. **Diário Oficial da União**, Poder Legislativo, Brasília, DF, 23 jun. 2008a. Disponível em: <http://www.planalto.gov.br/ccivil_03/_Ato2007-2010/2008/Lei/L11718.htm>. Acesso em: 25 maio 2021.

BRASIL. Lei n. 11.770, de 9 de setembro de 2008. **Diário Oficial da União**, Poder Legislativo, Brasília, DF, 10 set. 2008b. Disponível em: <http://www.planalto.gov.br/ccivil_03/_ato2007-2010/2008/lei/l11770.htm>. Acesso em: 25 maio 2021.

BRASIL. Lei n. 12.435, de 6 de julho de 2011. **Diário Oficial da União**, Poder Executivo, Brasília, DF, 7 jul. 2011a. Disponível em: <http://www.planalto.gov.br/ccivil_03/_ato2011-2014/2011/lei/l12435.htm>. Acesso em: 25 maio 2021.

BRASIL. Lei n. 12.470, de 31 de agosto de 2011. **Diário Oficial da União**, Poder Executivo, Brasília, DF, 1º set. 2011b. Disponível em: <http://www.planalto.gov.br/ccivil_03/_ato2011-2014/2011/lei/l12470.htm>. Acesso em: 25 maio 2021.

BRASIL. Lei n. 13.135, de 17 de junho de 2015. **Diário Oficial da União**, Poder Executivo, Brasília, DF, 18 jun. 2015b. Disponível em: <http://www.planalto.gov.br/ccivil_03/_ato2015-2018/2015/lei/l13135.htm>. Acesso em: 25 maio 2021.

BRASIL. Lei n. 13.146, de 6 de julho de 2015. **Diário Oficial da União**, Poder Legislativo, Brasília, DF, 7 jul. 2015d. Disponível em: <http://www.planalto.gov.br/ccivil_03/_ato2015-2018/2015/lei/l13146.htm>. Acesso em: 25 maio 2021.

BRASIL. Lei n. 13.301, de 27 de junho de 2016. **Diário Oficial da União**, Poder Executivo, Brasília, DF, 28 jun. 2016b. Disponível em: <http://www.planalto.gov.br/ccivil_03/_ato2015-2018/2016/lei/L13301.htm>. Acesso em: 25 maio 2021.

BRASIL. Lei n. 13.429, de 31 de março de 2017. **Diário Oficial da União**, Poder Executivo, Brasília, DF, 31 mar. 2017a. Disponível em: <http://www.planalto.gov.br/ccivil_03/_ato2015-2018/2017/lei/l13429.htm>. Acesso em: 25 maio 2021.

BRASIL. Lei n. 13.457, de 26 de junho de 2017. **Diário Oficial da União**, Poder Executivo, Brasília, DF, 26 jun. 2017b. Disponível em: <http://www.planalto.gov.br/ccivil_03/_Ato2015-2018/2017/Lei/L13457.htm>. Acesso em: 25 maio 2021.

BRASIL. Lei n. 13.844, de 18 de junho de 2019. **Diário Oficial da União**, Poder Executivo, Brasília, DF, 18 jun. 2019c. Disponível em: <http://www.planalto.gov.br/ccivil_03/_ato2019-2022/2019/lei/L13844.htm>. Acesso em: 25 maio 2021.

BRASIL. Lei n. 13.846, de 18 de junho de 2019. **Diário Oficial da União**, Poder Executivo, Brasília, DF, 18 jun. 2019d. Disponível em: <http://www.planalto.gov.br/ccivil_03/_ato2019-2022/2019/lei/L13846.htm>. Acesso em: 25 maio 2021.

BRASIL. Lei n. 13.898, de 11 de novembro de 2019. **Diário Oficial da União**, Poder Executivo, Brasília, DF, 11 nov. 2019e. Disponível em: <http://www.planalto.gov.br/ccivil_03/_ato2019-2022/2019/Lei/L13898.htm>. Acesso em: 25 maio 2021.

BRASIL. Lei n. 13.954, de 16 de dezembro de 2019. **Diário Oficial da União**, Poder Legislativo, Brasília, DF, 17 dez. 2019f. Disponível em: <http://www.planalto.gov.br/ccivil_03/_ato2019-2022/2019/lei/L13954.htm >. Acesso em: 25 maio 2021.

BRASIL. Lei n. 13.982, de 2 de abril de 2020. **Diário Oficial da União**, Poder Legislativo, Brasília, DF, 2 abr. 2020b. Disponível em: <http://www.planalto.gov.br/ccivil_03/_ato2019-2022/2020/lei/l13982.htm>. Acesso em: 25 maio 2021.

BRASIL. Lei Complementar n. 11, de 25 de maio de 1971. **Diário Oficial da União**, Poder Legislativo, Brasília, DF, 26 maio 1971. Disponível em: <http://www.planalto.gov.br/ccivil_03/leis/lcp/lcp11.htm#:~:text=%C2%A7%201%C2%BA%20Ao%20Fundo%20de,dispuser%20o%20Regulamento%20desta%20Lei>. Acesso em: 25 maio 2021.

BRASIL. Lei Complementar n. 101, de 4 de maio de 2000. **Diário Oficial da União**, Poder Legislativo, Brasília, DF, 5 maio 2000. Disponível em: <http://www.planalto.gov.br/ccivil_03/leis/lcp/lcp101.htm>. Acesso em: 25 maio. 2021.

BRASIL. Lei Complementar n. 123, de 14 de dezembro de 2006. **Diário Oficial da União**, Poder Legislativo, Brasília, DF, 15 dez. 2006a. Disponível em: <http://www.planalto.gov.br/ccivil_03/leis/lcp/lcp123.htm>. Acesso em: 25 maio 2021.

BRASIL. Lei Complementar n. 142, de 8 de maio de 2013. **Diário Oficial da União**, Poder Legislativo, Brasília, DF, 9 maio 2013b. Disponível em: <http://www.planalto.gov.br/ccivil_03/leis/lcp/lcp142.htm>. Acesso em: 25 maio 2021.

BRASIL. Lei Complementar n. 146, de 25 de junho de 2014. **Diário Oficial da União**, Poder Legislativo, Brasília, DF, 26 jun. 2014b. Disponível em: <http://www.planalto.gov.br/ccivil_03/leis/lcp/lcp146.htm>. Acesso em: 25 maio 2021.

BRASIL. Lei Complementar n. 150, de 1º de junho de 2015. **Diário Oficial da União**, Poder Legislativo, Brasília, DF, 2 jun. 2015c. Disponível em: <http://www.planalto.gov.br/ccivil_03/leis/lcp/lcp150.htm>. Acesso em: 25 maio 2021.

BRASIL. Medida Provisória n. 871, de 18 de janeiro de 2019. **Diário Oficial da União**, Poder Executivo, Brasília, DF, 18 jan. 2019g. Disponível em: <http://www.planalto.gov.br/ccivil_03/_Ato2019-2022/2019/Mpv/mpv871.htm>. Acesso em: 25 maio 2021.

BRASIL. Ministério da Economia. Portaria n. 424, de 29 de dezembro de 2020. **Diário Oficial da União**, Poder Executivo, Brasília, DF, 30 dez. 2020d. Disponível em: <https://www.in.gov.br/en/web/dou/-/portaria-me-n-424-de-29-de-dezembro-de-2020-296880511>. Acesso em: 25 maio 2021.

BRASIL. Ministério da Economia. Instituto Nacional do Seguro Social. Portaria Conjunta n. 4, de 5 de março de 2020. **Diário Oficial da União**, Poder Executivo, Brasília, DF, 6 mar. 2020c. Disponível em: <https://www.in.gov.br/en/web/dou/-/portaria-conjunta-n-4-de-5-de-marco-de-2020-246503483>. Acesso em: 25 maio 2021.

BRASIL. Ministério da Economia. Secretaria Especial de Previdência e Trabalho. Boletim Estatístico da Previdência Social. **Boletim Estatístico da Previdência Social – Beps**, v. 34, n. 11, nov. 2019i. Disponível em: <http://sa.previdencia.gov.br/site/2019/12/Beps1112019_trab_Final1_portal.pdf>. Acesso em: 25 maio 2021.

BRASIL. Ministério da Economia. Secretaria Especial de Previdência e Trabalho. Secretaria de Previdência. Conselho de Recursos da Previdência Social. Despacho n. 37, de 12 de novembro de 2019. **Diário Oficial da União**, Poder Executivo, Brasília, DF, 12 nov. 2019h. Disponível em: <https://www.in.gov.br/en/web/dou/-/despacho-n-37/2019-227382969>. Acesso em: 25 maio 2021

BRASIL. Ministério da Economia. Secretaria Especial de Previdência e Trabalho. Portaria n. 477, de 12 de janeiro de 2021. **Diário Oficial da União**, Poder Executivo, Brasília, DF, 13 jan. 2021. Disponível em: <https://www.in.gov.br/en/web/dou/-/portaria-seprt/me-n-477-de-12-de-janeiro-de-2021-298858991>. Acesso em: 25 maio 2021.

BRASIL. Ministério da Previdência Social. Instituto Nacional do Seguro Social. Instrução Normativa n. 77, de 21 de janeiro de 2015. **Diário Oficial da União**, Poder Executivo, Brasília, DF, 22 jan. 2015e. Disponível em: <https://www.in.gov.br/materia/-/asset_publisher/Kujrw0TZC2Mb/content/id/32120879/do1-2015-01-22-instrucao-normativa-n-77-de-21-de-janeiro-de-2015-32120750>. Acesso em: 25 maio 2021.

CASTRO, C. A. P. de; LAZZARI, J. B. **Manual de direito previdenciário**. 20. ed. Rio de Janeiro: Forense, 2017.

CJF – Conselho da Justiça Federal. Justiça Federal prioriza desafios a serem enfrentados no período 2015-2019. **Portal do Conselho da Justiça Federal**, 3 fev. 2014. Disponível em: <http://jf.gov.br/cjf/noticias/2014/fevereiro/justica-federal-prioriza-desafios-a-serem-enfrentados-no-periodo-2015-2019>. Acesso em: 25 maio 2021.

CNJ – Conselho Nacional de Justiça. **Órgãos federais e estaduais lideram 100 maiores litigantes da Justiça**. 29 out. 2012. Disponível em: <https://www.cnj.jus.br/orgaos-federais-e-estaduais-lideram-100-maiores-litigantes-da-justica> Acesso em: 25 maio 2021.

CNJ – Conselho Nacional de Justiça. **Justiça em números 2019**. Brasília: CNJ, 2019. Disponível em: <https://www.cnj.jus.br/wp-content/uploads/conteudo/arquivo/2019/08/justica_em_numeros20190919.pdf>. Acesso em: 25 maio 2021.

CNJ – Conselho Nacional de Justiça. **Relatório do banco nacional de dados de demandas repetitivas e precedentes obrigatórios**. 2018. Disponível em: <https://www.cnj.jus.br/wp-content/uploads/2011/02/03a6c043d7b9946768ac79a7a94309af.pdf>. Acesso em: 25 maio 2021.

ESOCIAL. Disponível em: <https://login.esocial.gov.br/login.aspx>. Acesso em: 25 maio 2021.

FOLMANN, M. **Atendimento ao cliente previdenciário**. Curitiba: Lujur. 2019

FORTES, S. B.; PAULSEN, L. **Direito da seguridade social**: prestações e custeio da previdência, assistência e saúde. Porto Alegre: Livraria do Advogado, 2005.

GAVRAS, D. Em três anos, total de domésticas com carteira cai 15%. **Estadão**, 6 abr. 2019. Disponível em: <https://economia.estadao.com.br/noticias/geral,em-tres-anos-total-de-domesticas-com-carteira-cai-15,70002782256>. Acesso em: 25 maio 2021.

GOES, H. **Manual de direito previdenciário**: de acordo com a reforma previdenciária. São Paulo: Método, 2020.

GONÇALVES, M. A. F.; SAVARIS, J. A. **Previdência social anotada**: de acordo com a nova reforma da previdência social (EC nº 103/2019). Curitiba: Alteridade, 2020.

IBGE – Instituto Brasileiro de Geografia e Estatística. Idosos indicam caminhos para uma melhor idade. **Revista Retratos**, 19 mar. 2019. Disponível em: <https://censo2021.ibge.gov.br/2012-agencia-de-noticias/noticias/24036-idosos-indicam-caminhos-para-uma-melhor-idade.html>. Acesso em: 25 maio 2021.

IBRAHIM, F. Z. **Curso de direito previdenciário**. 25. ed. Niterói: Impetus, 2020.

LAZZARI, J. B. et al. **Comentários à reforma da previdência**. Rio de Janeiro: Forense, 2020.

LEAL, B. B.; PORTELA, F. M. **Previdência em crise**: diagnóstico e análise econômica do direito previdenciário. São Paulo: Revista dos Tribunais, 2018.

NERY, P. F.; TAFNER, P. **Reforma da previdência**: por que o Brasil não pode esperar? Rio de Janeiro: Elsevier, 2019.

OIT – Organização Internacional do Trabalho. **C182**: convenção sobre proibição das piores formas de trabalho infantil e ação imediata para sua eliminação. 19 nov. 2000. Disponível em: <https://www.ilo.org/brasilia/convencoes/WCMS_236696/lang--pt/index.htm>. Acesso em: 25 maio 2021.

ONU – Organização das Nações Unidas. **Declaração Universal dos Direitos Humanos**. 1948. Disponível em: <https://ohchr.org/EN/UDHR/Pages/Language.aspx?LangID=por>. Acesso em: 25 maio 2021.

ROCHA, D. M. da. **Comentários à Lei de Benefícios da previdência social**. 18. ed. São Paulo: Atlas, 2020.

ROCHA, D. M. da. **O direito fundamental à previdência social**. Porto Alegre: Livraria do Advogado, 2004.

ROCHA, D. M. da.; SAVARIS, J. A. **Direito previdenciário**: fundamentos de interpretação e aplicação. 2. ed. Curitiba: Alteridade, 2019.

SAVARIS, J. A. **Direito processual previdenciário**. 7. ed. Curitiba: Alteridade, 2018.

SUNSTEIN, C. R. **Las cuentas pendientes del sueño americano**. Tradução de Ana Bello. Buenos Aires: Siglo Veintiuno Editores, 2018. (Coleção Derecho y Politica).

Sobre o autor

Erico Sanches Ferreira dos Santos é juiz federal desde 2006, tendo atuado em matéria previdenciária desde o primeiro dia de jurisdição. Também é ex-procurador federal do Instituto Naciodo Seguro Social (INSS). É formado pela Universidade de São Paulo (USP), especialista em Direito Previdenciário e Processo Previdenciáe mestre em Direitos Fundamentais e Democracia. É professor de Direito Previdenciário e Processo Previdenário do Centro Universitário Internacional (Uninter), da Escola da Magistratura Federal do Paraná e de cursos de pós-graduação. É membro integrante do Centro de Inteligência Local da Justiça Federal do Paraná e vice-diretor da Escola da Magistra- Federal do Paraná.

Os papéis utilizados neste livro, certificados por instituições ambientais competentes, são recicláveis, provenientes de fontes renováveis e, portanto, um meio **respons**ável e natural de informação e conhecimento.

FSC
www.fsc.org
MISTO
Papel produzido a partir de fontes responsáveis
FSC® C103535

Impressão: Reproset
Janeiro/2023